DESPIERTA TU ALMA DORMIDA

ANA SUASTEGUI

Copyright © 2022 por Ana Suastegui.
Todos los derechos reservados.

Ninguna parte de este libro podrá ser reproducida, transmitida o distribuida de ninguna forma y por ningún motivo, incluyendo fotocopiado, audiograbado u otros métodos electrónicos o mecánicos, sin la autorización previa del autor; excepto para el uso de pequeñas reseñas y ciertos otros usos no comerciales permitidos por la ley Copyright Act of 1976.

ACERCA DE LA AUTORA

Ana Suastegui es una mujer mexicana que reside en los Estados Unidos desde hace muchos años. Se ha dedicado desde hace más de una década al despertar de su alma, después de un llamado profundo que recibió en un momento crucial de su vida. Ella ha transitado este camino de la transformación personal y espiritual entregándose a la práctica del yoga y la meditación con amor, disciplina y compromiso.

Con sus conocimientos de chef profesional, Ana ha encontrado en la alimentación vegetariana una fuente de energía y conexión con la madre tierra. Ha dedicado su vida a servir a su prójimo, transmitiendo sus conocimientos de autosanación, meditación, alimentación saludable y el despertar individual del alma.

Actualmente se dedica a apoyar a otras personas a elevar su consciencia cristica para poder experimentar una vida con propósito que trascienda el tiempo y la consciencia.

AGRADECIMIENTOS

Quiero agradecer a mis padres que siempre me han apoyado y han estado conmigo en cada momento. También quiero agradecer a Bertha Aguilar, mi gran amiga y colaboradora a la que admiro mucho. Gracias por ser mi compañera en este viaje, gracias por tu inspiración y tu ayuda maravillosa.

Gracias a mis guías por ayudarme y darme la bendición de tener las revelaciones que me han ayudado a poder vivir mejor. Gracias a mi maestro Jesucristo y a mi maestro Siddhartha por sus enseñanzas y por toda su guía. Gracias a los arcángeles y a los arthurianos por enseñarme las herramientas que he necesitado en el momento justo. Gracias a Patricia Morales por ser otra de las personas que han sido una importante guía en este viaje y a mi amigo Jay por su espiritualidad, por creer en mí y por motivarme a escribir este libro. También quiero incluir en estos agradecimientos a mis tres gatitos, por formar parte de mi vida y aportarle más felicidad.

A Keitha Rojas, le agradezco por ser un gran apoyo para mí y darme la motivación para poder hacer realidad éste libro, el cual llevaba guardado en mi corazón por mucho tiempo. Gracias por animarme a evitar que este sueño se perdiera y gracias también por impulsarme a llevar este mensaje a cuántos desean escucharlo.

Muchas gracias a todas las personas que han formado parte de mi equipo. A los que han estado conmigo desde el principio y que han creído en mí. Me siento bendecida por todos los que han participado en mis grupos de meditación y que han depositado su confianza. Y por último agradezco a todos los seres que he conocido a lo largo de mi existencia, estoy convencida que todos han aportado algo y por eso les doy las gracias.

DEDICATORIA

Dedico este libro a todas aquellas personas que están en busca de conectar con su espíritu y tener un despertar Crístico. También se los dedico a aquellos que ya están en el camino de su despertar y especialmente, con mucho cariño, le dedico este libro a mi gente de México. A todas las personas que están en los municipios más pobres de mi amado país y espero que un día llegue a sus manos, porque confío que esta información les será de mucha utilidad.

CONTENIDO

Introducción	11
CAPÍTULO 1	17
Mis primeros años y mi despertar espiritual	
CAPÍTULO 2	37
Las ventajas del despertar del Alma y mis experiencias con la sanación.	
CAPITULO 3	47
Los pasos para convertirte en un ser CRÍSTICO	
CAPÍTULO 4	55
Tú tienes lo que necesitas dentro de ti y puedes ayudar a otros a que despierten	
CAPÍTULO 5	65
Si nos decimos seres sensibles y amantes de toda la vida, debemos ser congruentes con ello.	
CAPÍTULO 6:	75
Práctica de meditación y autosanación	
CAPITULO 7	91
Práctica para sanar a otros	
CAPÍTULO 8	113
Cómo sanar a una persona y a un animal en cinco minutos y cómo limpiar tu hogar de malas energías	
CAPÍTULO 9	133
Mi viaje con las plantas sagradas, el valor del aceite espinal y los cuerpos que envuelven al ser humano	
CAPÍTULO 10	165
El gran para qué de nuestra existencia	
Conclusiones y mi propósito al escribir este libro	185
Agradecimientos	195

INTRODUCCIÓN

En mi experiencia como terapeuta comencé a notar que mis pacientes regresaban a mí a los seis meses de haberlos visto la última vez. Me contactaban diciendo que volvían a tener problemas de salud, exactamente los mismos problemas y situaciones físicas con los que habían llegado la primera vez. Cuando regresaban, había algo que me inquietaba;

sentía que tenía que encontrar un método mejor para poder ayudarles y que esta mejoría durara más.

Con este objetivo comencé a crear en mi mente y en mi corazón un método para ayudarles con sus dolores físicos, mentales y espirituales. Por supuesto, el éxito y los resultados siempre van a estar en las manos de cada uno de mis pacientes, pero me quedaba claro que, si ellos ponían en práctica este método, con una entrega verdadera, basándose en estos pasos que mencionaré a lo largo de este libro, podrían lograr una maravillosa y profunda conversión espiritual, lo cual es fundamental para aprender herramientas de autosanación personal.

Gracias a mis vivencias y a la gran cantidad de experiencias con mis pacientes, pude darme cuenta de que somos muchas las personas que estamos viviendo nuestro despertar espiritual en privado y casi casi en silencio.

En mi caso, yo compartí los inicios de mi despertar espiritual únicamente con un pequeño grupo de personas, pero, con el paso del tiempo, mi alma me ha pedido salir de ese círculo limitado para poder compartir, desde mi experiencia, la maravillosa posibilidad que espera para quien desee emprender este fantástico viaje hacia el interior.

Justo ahí, en ese punto, fue cuando comprendí que debía escribir este libro para llegar a más personas. A lo largo de mi caminar por este mundo me di cuenta de que algunas de las personas que poseen este conocimiento sobre cómo conectar con nuestra espiritualidad lo están vendiendo a un precio tan alto que no todos pueden acceder. Yo tengo la certeza de que este conocimiento es un regalo que viene a la conciencia de cada ser humano.

Como yo lo veo, nosotros necesitamos de esta información. Y debido a esto, nuestro Padre Celestial (o la divinidad, como sea que lo llames) nos la da como un REGALO al que debemos acceder por nosotros mismos.

Por eso es que me parece injusto que las personas que anhelan conectar con su propia fuente infinita de conocimiento y revelación personal en sus vidas tengan que pagar un precio tan alto y, muchas veces, ni siquiera reciben la guía adecuada.

No puedo ni quiero seguir ocultando mi enorme descontento con aquellos grupos de guías espirituales que conocen la verdad y no quieren que despiertes para así tenerte mes tras mes con los ojos vendados, requiriendo sus servicios sin tener resultados de verdadero impacto. Con este escrito, parte de mi misión es abrirte los ojos a ti, estudiante de tu alma; quiero compartir contigo, desde ese amor que hay en mi corazón, que hoy con este libro tú puedes ser liberado...

Tú no tienes que pagar nada para acceder a tu propia alma.

No tienes nada que buscar afuera, porque lo que necesitas es entrar en tu morada celestial, justo ahí está toda la verdad. Vívela, Ámala, Confía en que está ahí para ti. No hay maestros que te remplacen; no hay doctrinas verdaderas que no te guíen a que tu conectes con la divinidad de tu alma. Eres tú El que requiere despertar. Yo sé que probablemente te tome un tiempo procesar la información que aquí recibirás. Puede ser que quizás ya estés listo para recibir el mensaje o, quizás, pueda que incluso algunas personas hasta me critiquen por esto. Lo que te puedo compartir es que siento desde lo más profundo de mi ser este deber que me llama a compartir este mensaje con la mayor cantidad de personas posibles.

Mi misión es apoyarte, guiarte, acompañarte a conectar contigo y tener una vida crística, una vida mucho más espiritual saludable y plena.

CAPÍTULO 1

Mis primeros años y mi despertar espiritual

Antes de entrar de lleno en todo lo que tengo para compartirte, quiero presentarme. Me llamo Ana Suástegui. Mi vida comenzó en Michoacán, en un pueblito alejado de la civilización en los rumbos de Apatzingán.

Mi familia y yo vivíamos en una casita en el cerro. Teníamos más de cien vacas a las que había que atender diariamente. Todos debíamos levantarnos a las cuatro de la mañana para ordeñarlas. Recuerdo que a mis seis años me costaba trabajo ayudar en las labores de la casa, pero yo siempre me esforzaba en todo lo que me tocaba hacer.

Gran parte de mis primeros años de vida los pasé en ese lugar hermoso pero aislado del mundo. Por eso no es de extrañarse que uno de los recuerdos que más me impactó en mi infancia fue cuando, a los ocho años, asistí por primera vez a una escuela. Puedo recordar como si fuera ayer lo emocionada que estaba de ver tanta gente. Esa emoción se intensificó al momento de notar todo lo que allí se nos enseñaba. Mi padre no estaba de acuerdo con que yo estudiara. Él quería que yo le ayudara a trabajar para traer el sustento a nuestra casa. Recuerdo que la maestra en un principio opinaba que yo ya estaba demasiado grande como para asistir al kínder, pero luego cambió de opinión al ver que, en tan sólo una semana de estar asistiendo, empecé a mostrar que comprendía las cosas y que le echaba muchas ganas para aprender.

Sin embargo, mi padre aún me pedía que trabajara para ayudarle a traer el alimento a la casa. Durante esos años de mi niñez yo le ayudaba a hacer algunos trabajos de campo a él y sus amigos... A veces lo acompañaba con una vieja guitarra a cantar. Recuerdo que las personas que nos escuchaban nos daban dinero.

Y así fueron trascurriendo mis primeros años de vida.

Yo seguía aprendiendo hasta llegar al momento de estudiar en la secundaria. Una vez más mi padre me pedía que le ayudara a trabajar, pero por alguna razón yo me aferraba a seguir estudiando. Fue así como me fui a un pueblo donde trabajé y estudié al mismo tiempo; en ese tiempo sólo iba a casa de mis padres los fines de semana y todo lo que ganaba se lo daba a mi madre para ayudar en mi hogar. Recuerdo que los fines de semana siempre llegaba con cosas que compraba con el dinero que ganaba con mi trabajo. Yo era una niña que se esforzaba en la escuela y gigante fue mi sorpresa cuando salí sorteada para ganar un lugar en una escuela que capacitaba maestras comunitarias. Eso me ocasionó algunos gastos extras. Ya no aportaba tanto a la casa porque tenía que pagar ciertos gastos de la escuela. Debido a eso, llegó el momento en que mi padre no quería que siguiera estudiando y, cuando estaba por graduarme para ser maestra comunitaria, mi padre fue por mí y me dijo que ya no estaba llevando suficiente dinero a casa y que debíamos ir a los Estados Unidos para trabajar... Esta vez no pude negarme y con el corazón roto le obedecí. Nos vinimos a este país, a los Estados Unidos.

A mis 16, casi 17 años, tuve que olvidarme de mi sueño de ser maestra.

Ya estando en Estados Unidos una tía me sugirió que estudiara mientras trabajaba, pero mi padre, en cambio, me sugirió tomar dos trabajos para ayudar a reconstruir la casa que teníamos en Michoacán y para mandar dinero a la familia. Así que, con toda la tristeza, pero con la convicción de apoyar a mi familia, decidí olvidarme de mis sueños nuevamente y tomé esos dos trabajos. A partir de ahí, mi vida sólo fue trabajo. Todos mis cheques eran destinados al apoyo de mis seres queridos. Elegí sacrificar mis sueños por el bien de toda la familia. Sin darme cuenta, empecé a llevar una rutina sin sentido, una vida de excesos, un camino sin rumbo en el que me sentía perdida.

Pero, afortunadamente, mi conciencia no estaba tan dormida y un buen día sentí este impulso profundo de cambiar. Encontré una iglesia a la que me uní para encontrar esa paz y sostén que tanto necesitaba. Trabajé con ellos y me ayudaron a superar esas conductas que no me llevaban a nada bueno, pero con el paso del tiempo empecé a notar ciertas actitudes en la gente de aquella religión.

Cuando salíamos a caminar íbamos repartiendo folletos y predicando la palabra, pero notaba que mis compañeras y compañeros solían criticar a los demás e incluso podían llegar a ser más duros y críticos que una persona que no tuviera ninguna fe.

Eso realmente me hacía cuestionarme si estaba en el lugar correcto y, claro, yo sabía que había algo más allá de nosotros, algo más grande que nosotros. Yo tenía fe en un padre celestial y en verdad quería hacer las cosas bien. Fue por eso que comencé a practicar la meditación y en ese punto realmente comenzó mi despertar espiritual.

Quiero compartir contigo algo personal y profundo. La razón principal por la cual yo dejé de asistir a la iglesia fue porque, en mis meditaciones, recibí la voz del Padre con instrucciones específicas. Me decía que mi asistencia en la Iglesia era como un paso por la Universidad, de la cual debía graduarme. Me dijo que ya era tiempo de tomar acción y aplicar todo lo que había aprendido. Que era tiempo de dejar de estar solo calentando una banca en la Iglesia cuando la gente está muriendo en vida afuera, con sus almas dormidas.

Mi camino comenzó así ...

Cuando me di cuenta de qué mi vida estaba mal y que, aun a pesar de haber entrado a la religión, me seguía sintiendo vacía de alguna manera, percibí un llamado interno que me decía que debía encontrar el camino a ser una mejor persona. Así fue como empecé a meditar.

Llevé a cabo esta práctica durante 21 días, pero no me detuve ahí, seguí meditando y cuando iba por el día 25 tuve mi primera revelación. Ahí fue donde, por primera vez, conocí a mi Maestro Siddhartha. Él se me presentó en persona bajando desde el cosmos. Venía en posición de meditación y tenía una charola de oro. Recuerdo ver claramente que había monedas de oro brillante brincando en la charola, la cual puso a mis pies. Yo no comprendía qué estaba pasando, así que el maestro me dijo que usara mis manos. Las levanté y las observé, entonces vi que eran brillantes como de oro. Él me dijo que ese era mi regalo.

En este punto quizás te puedas preguntar si tuve miedo y mi respuesta es no, no sentí temor alguno. Supongo que por la preparación previa de todos esos días anteriores meditando, así que más allá del asombro de estar viendo lo que veía, no sentí temor de ningún tipo, por lo que puedo deducir que, si llegas a vivir una experiencia parecida en tu camino, no sentirás ningún temor.

Volviendo a la visión, recuerdo que le dije a mi

maestro:

—Maestro, ¿qué debo hacer para estar en un nivel más elevado del espíritu?

El maestro me explicó que, mientras yo siguiera comiendo carne y sangre animal, por más que meditara, seguiría estando sucia y así no tendría una ascensión crística real. Me dijo que yo no debía seguir contribuyendo al comer carne de animales si de verdad quería un cambio en mi vida física y espiritual....

Entonces te puedo decir que este cambio de alimentación y de mentalidad no vino de mí misma; no me nació de la nada, ocurrió después de esta primera experiencia que dio vuelta mi vida por completo. Este mensaje del Padre llegó a mí a través de uno de los grandes maestros que han pisado esta tierra y, para ser honesta, esto me impactó muchísimo. Jamás se me habría ocurrido dejar de consumir carne. Yo era una persona extremadamente carnívora, nací en una casa donde no podíamos comer si no había carne en la mesa. En la cueva, allá en el cerro donde nací y viví mis primeros años, no se podía plantar nada salvo unas cuantas calabazas en dónde estaba mi abuelita. Cuando probé los vegetales por primera vez, como a los 20 años, no me gustaron. Además, sumándole a eso, la cultura de mi país México es también muy carnívora, así que yo venía ya con un condicionamiento para ser una persona adicta a la carne.

Pero el Maestro, en aquella revelación, me dijo que, cuando lograra cambiar esa mentalidad y quitara por completo la carne de mi vida, lograría entender que no debía seguir consumiendo ni sangre animal, ni carne animal porque no la necesitaba... Él me recalcó que «NO la necesitaba», ya que estoy hecha de espíritu, por tanto, mi espíritu no necesita de esas cosas. Además, otra razón poderosa que aprendí de Él en su mensaje era que debía respetar a las demás criaturas de este planeta y comenzar una alimentación basada en plantas, en alimentos vivos, dejando de ser parte de esa cultura de aniquilación de criaturas inocentes. Me explicó que cuando lograra purificar mi cuerpo de toda esa suciedad que había dejado entrar por años y siguiera con la meditación, la oración, como lo había estado haciendo durante esos 21 días previamente, debía compartir lo que sabía con el resto del mundo, debía servir de ejemplo y a partir de ese día no he parado de hacerlo.

Mi Transformación...

Durante ya casi 10 años no he dejado de trabajar en ser un ejemplo porque tengo muy presentes sus palabras. Cuando me dijo que ahora que yo sabía todas estas cosas, que debía ser un ejemplo y que esa sería la única llave que él me daría para ayudar a otros, tomé sobre mí esa misión de convertirme en un buen modelo para que, llegado el momento, pudiera comunicar este mensaje para quienes estén listos para escuchar.

Por supuesto, no ha sido fácil, créeme que yo cuando empecé este camino sentí como si me estuviera muriendo, literalmente sentía como si me estuviera clavando yo misma clavos en el cuerpo... Era muy difícil dejar aquello que por tantos años había sido parte de mí, pero al mismo tiempo descubrí como a medida que pasaban los días sentía como si algo se desprendiera de mi interior. Llegué también a sentir tristeza, mucha angustia y rabia, todo al mismo tiempo.

Todo camino tiene sus tropiezos.

Quiero ser completamente trasparente contigo. Yo quedé muy movilizada e impactada con la revelación que recibí y, como no sabía nada de lo que ahora sé, cometí el error de hacerlo todo de golpe. Me forcé a dejar todo aquello sin preparar mi cuerpo con anticipación. Ya de por sí cambiar de hábitos suele ser un proceso doloroso; quitarle a tu cuerpo algo a lo que ya está acostumbrado es mil veces peor y yo cometí ese gran error. Estaba tan convencida de que tenía que dejar esa alimentación dañina que en verdad quería hacer lo correcto, pero no tenía un plan.

Por lo que me enfermé. Llegué a padecer

una anemia muy severa. Si hubiera consultado con un médico primero, seguramente me habría regañado. Pero estaba convencida de que el mensaje que había recibido era bueno porque resonaba conmigo totalmente. Aún recuerdo que me miraba al espejo y estaba tan mal que parecía una muerta. Entonces le pregunté a mi maestro en oración que debía hacer... le dije: ¿por qué me mandaste todo esto? ¡Soy un fracaso! ¿¡Cómo es que voy a llegar a ser un ejemplo para alguien si estoy así de mal!? ¡Por favor ayúdame!

Y entonces recibí las respuestas que necesitaba: proteínas y nutrientes adicionales. Me puse a buscarlos, pero algo que he aprendido en mi experiencia, ahora ya con tantos años de practicar una alimentación sana, es que hay que buscar vitaminas, suplementos, proteínas de buena calidad que no sean de origen sintético para que nuestro cuerpo las absorba de la mejor manera. Así que mi consejo es no te apresures, esto no se logra de la noche a la mañana, es un proceso el cual debes tomar con calma.

¿Qué hacer si no puedes dejar la carne de golpe?

Cómo lo comenté en partes anteriores, esto de ser vegetariano es un proceso y como tal, debes hacerlo desde el conocimiento. Es importante educarte al respecto del tema para saber qué pasos tomar. Por ejemplo, un gran consejo si no puedes dejar la carne de golpe sería que comiences primero comiendo sus vegetales en un caldo de pollo o de res, sin la carne, solo las verduras y el caldo. Ponerle soya si lo prefieres en lugar de la carne también es una opción. Puedes comer tu consomé de pollo con verduras y soya sin pollo.

Si te gusta comer, por ejemplo, un mole, puedes hacerlo solo con la salsa sin la carne. De hecho, puedes comer cualquier clase de caldo de camarón, de pescado, siempre y cuando no te comas la carne del animal puedes hacer como yo lo hice.

Cuando comencé, te cuento que amaba el cóctel de camarón. Aprendí que puedes pedirlo con todo lo que lleva, extra verdura, más el jugo del camarón, sin que lleve ningún camarón. Aquí lo importante es ingeniárselas mientras estamos comenzando.

Seguro estarás pensando: cómo voy a ir a un restaurant y pedir mi cóctel de camarón sin camarón... Claro yo lo pasé y la gente se me quedaba viendo pero ¿te digo algo? No te preocupes por lo que piensen los demás, tú estás en tu derecho, si eres cliente de ese lugar, seguro que van a darte lo que pides.

Mi sugerencia es que no te desgastes pensando en eso ni tampoco te preocupes por si lo que comas te va a saber igual. Créeme, lo hará. Y de a poquito, engañando a tu cuerpo al principio, evitarás enfermarte como me pasó a mí por no saber la importancia de ir haciendo una transición paulatinamente.

Es importante darnos cuenta que durante este cambio podemos ir incorporando poco a poco suplementos, vegetales y proteínas de la mejor calidad.

Y cuando ya te sientas listo y te sientas fuerte,

ahora sí es momento de dejar la carne y la sangre animal por completo.

Recuerda que esto que te comparto no es una imposición y que puedes o no hacerme caso... Esto se trata de darte la información y que tú decidas qué haces con ella.

Pero si aceptas este cambio, si decides transitar este camino, pagar el precio para tener una vida más cristica, más sana y feliz, te prometo que después de que lleves un tiempo meditando, orando y cuidando de ti, dejando de comer por completo carne animal, descubrirás que se abren ante ti todos los poderes que siempre quisiste, como lo es tener una mejor comunicación con tu alma, con tu ser superior, tu padre celestial.

Sé que también podrás entender a los animales, escuchar a la naturaleza; podrás comunicarte con la tierra, oírla hablar; tendrás acceso a todos los lenguajes sagrados y tendrás la facultad para poder sanarte a ti y sanar a otras personas, incluso, desde la distancia, mandarles luz. Podrás sanar a los animales, quitar de ti y de los que amas cualquier clase de mala energía o maldición, vivirás una vida mucho más sana y plena en todos los sentidos porque se te abrirán todos los portales espirituales.

Todo esto ocurre gracias a que aceptaste hacer ese sacrificio y te esforzaste por convertirte en un instrumento sanador para ti y los demás. Lo más maravilloso de esto es que todas estas cosas que te acabo de mencionar son de beneficio para ti.

Yo creo que el sacrificio vale la pena, ¿y tú qué opinas?

CAPÍTULO 2

Las ventajas del despertar del Alma y mis experiencias con la sanación.

Quiero compartirte algunas experiencias que tuve en mi propio proceso del despertar de mi alma. Yo amo a los gatos, tengo tres y uno de ellos se enfermó en dos ocasiones. Recuerdo que un día no se quería levantar de la cama. Vomitaba y yo, muy asustada, lo llevé al veterinario. Ahí me dijeron que estaba envenenado, que no podían atenderlo ahí y que debía llevarlo a urgencias. Sin embargo recordé que desde que empecé mi despertar aprendí a sanarme yo misma de mis enfermedades y dije:

— Yo quiero confiar en que lo puedo sanar... Sé que el poder del padre que vive en mí me ayudará a liberarlo.

Entonces lo llevé a la casa y lo puse en el suelo. En ese momento, mi gato estaba inmóvil y yo solo comencé a pedirle al padre que me ayudara. Le mandé toda mi energía desde mis manos a la distancia, no lo toqué en ningún momento, simplemente le mandé mi energía, cerrando los ojos.

Mientras estaba así pude ver cómo mi gato

estaba poseído por esos demonios de enfermedad que lo estaban aprisionando. Lo tenían envuelto y no lo dejaban moverse. Fue increíble, pero yo los vi con mis ojos y sentí cómo yo misma les daba la orden de que lo dejaran.

Solo porque lo vi, te puedo testificar de lo impactante que fue presenciar cómo, a los cinco minutos, el gato se levantó y caminó hacia la cama. Fue increíble... Al día siguiente el gato estaba como si nada hubiera pasado. Ahí me encontré cara a cara con el maravilloso poder de la fe donde, gracias a nuestro despertar, eso está disponible para nosotros.

La segunda vez ocurrió hace apenas unos días, cuando mi gato llegó ensangrentado. Tenía dos heridas grandes, se veía como si alguien lo hubiera navajado en la espalda. O, incluso, quizás un animal o un perro lo había mordido. Yo no sabía lo que había pasado, pero las heridas eran grandes. Lo tomé con cuidado y lo limpié. Él gritaba del dolor mientras yo lo limpiaba y lavaba. Debo hacer una pausa aquí para decir que antes de usar el agua la cargué con mi energía. Esto te lo compartiré más adelante para que aprendas cómo se hace, ya que puedes cargar de poder todos los elementos que utilices para curar.

Volviendo a la experiencia, lo curé lavándolo con esa agua cargada con energía y, de nuevo, le envíe mi energía como lo hice en la ocasión anterior. No sé qué estarás experimentando en el momento de leer esto, pero solo porque mis ojos lo vieron, es que te puedo compartir mi asombro cuando vi que, al día siguiente, las heridas que tenía mi gato estaban completamente secas. Yo lo vi llegar con heridas profundas en la espalda que lucían como si le hubieran cortado o arrancado trozos de carne, de hecho, no tenía pelo en esa zona donde estaban los huecos profundos de las heridas que sangraban mucho. El pobrecito lloraba de dolor mientras lo lavaba y lo curaba y al día siguiente aquellas heridas estaban secas; los huecos que se veían profundos ahora estaban cerrados.

Yo pude haberlo llevarlo al doctor para que lo curara y me hubiera gastado unos $1000 o $2000 dólares. Sin embargo, en ese momento percibí la opción de sentir esta capacidad de curar a mi animalito, porque seguramente de no tener esto disponible para mí, es lo que hubiera hecho. Si no supiera lo que ahora sé, que puedo sanarme por mí misma y además sanar a otros, habría acudido al veterinario. Y quiero decirte que tú también puedes aprender a hacerlo, aprender a ser una sanadora o un sanador, por supuesto que actuando responsablemente y de acuerdo a tu progreso.

Yo sé que puedes empoderarte y ayudar a otros. Eso está disponible para ti tomando la decisión de convertirte en un ser crístico y te lo comparto desde mi experiencia con todo mi cariño. Yo sé que tú puedes usar esta santa energía para curarte a ti y curar a otros

¿De dónde viene esa energía sanadora?

Seguramente te preguntarás de dónde viene ese poder sanador, yo te lo diré: viene del flujo del agua viva que está en tu corazón. Viene del fuego de lo más profundo de tu ser y nace a través de una alimentación y espiritualidad correctas. Por eso es indispensable adentrarse en la meditación y en el consumo de alimentos que contengan los cuatro elementos.

Cuando ya has recorrido el camino del despertar de tu alma, ya puedes cargar y acceder a esa energía sanadora poniendo las manos en el corazón... esto te lo explicaré con más detalles más adelante.

Recuerda Siempre que Los 4 Elementos y tú Son Uno

Te pido que leas esta parte con atención, es un mensaje para ti, estudiante del despertar de tu Alma:

Agua:

Eres agua. Adéntrate en los ríos profundos de tu ser. Llénate de los manantiales para que nunca tengas sed. Toma toda la que puedas, ya que es la medicina viva. Toma agua que te limpiará por dentro y por fuera. Purifícate con ella, valórala, porque agua eres y agua serás. Recuerda que del agua vienes y al agua volverás.

Aire:

Eres aire. No lo ignores. El aire que acaricia tus mejillas. Valora la vida que también es un soplo. Recuerda que cuando viniste al mundo gritaste de nostalgia, porque te faltaba el aire y tu miedo era de tinieblas. El hermano viento es sagrado, no te pide nada a cambio. El día en que te lo quiten, hasta ahí llegará tu vida.

Honra todas estas cosas y edifícalas porque ellos son tu sustento. Aprenderás a ser el mejor de los maestros. No tires mi palabra a la basura porque te estoy dando la llave para que entres al cielo antes de que te vayas de este mundo.

Tierra:

Eres tierra. Cárgate en el elemento tierra. Ahí descansarás. No esperes entrar en ella en un ataúd, hazlo ahora. Ella es tu madre y requieres anclarte a ella, sentir su amor y plenitud. Aliméntate de lo que de ella brota. No seas insensato, ni mal agradecido pasando por la vida sin despertar a la "Pachamama" (madre tierra). Hónrala porque de ella saliste y a ella regresaras.

Fuego:

Eres fuego reluciente porque de él fuiste fecundado. Eres fuego cuando hablas, cuando palpitas de amor o de la furia que te envuelve; no ignores que de Él estás hecho, porque él es el que calienta lo que comes y calienta tus huesos. Él puede destruir todo un ejército.

Ámalo y respétalo porque cuando lo usas incorrectamente te destruye, pero si lo usas correctamente levantaras ejércitos de Dioses, porque tu poder es el fuego.

Si de verdad te quieres convertir en un ser crístico, vuélvete a los cuatro elementos para que te ayuden en tu disciplina, tu amor y tu gloria.

Tierra, agua, fuego y aire. De ellos estás hecho. Ellos viven dentro de tu ser.

CAPITULO 3

Los pasos para convertirte en un ser CRÍSTICO

Ya te hablé de la importancia de una vida más espiritual y eso incluye parar de dañar animales, parar de dañar a otros seres y parar de dañarnos a nosotros mismos. También te mencioné los beneficios de hacer esto. Así mismo, ya te compartí algunas experiencias sobre el despertar de mi Alma. En este capítulo voy a darte el plan que puedes seguir para iniciar tu camino y encontrar tu despertar.

Paso 1: créate una dieta de desintoxicación del cuerpo. Esta consiste en hacer un ayuno que dure 7 días, lo llamo ayuno porque así es como lo sentirás después de haber comido carne tantos años.

Procura solo alimentarte con líquidos, zumos, infusiones sin azúcar, agua y vegetales. Sentirás hambre, pero se trata de limpiar el cuerpo de TODO lo malo acumulado.

Después puedes hacer otro ayuno de 15 días y alargarlo hasta 21 días. Lo más recomendable es comer hierbas, agregar vinagre de manzana a tus ensaladas, comer cosas verdes en general, comer frutas y verduras frescas, alimentos vivos que vienen de las tierras.

Comer pepino y sandía para hidratarte; no comer muchas uvas ni mucho mango; comer pan integral, pan tostado integral con crema de cacahuate.

Tanto los vegetales como las frutas tienen los 4 elementos: aire, tierra, agua y fuego (del sol).

Puedes agregar arándanos, manzanas, kiwi, melón, garbanzo molido, también frijoles y lentejas, quinua, almendras y toda clase de semillas; papas no mucho, no muchas uvas.

Si tienes alta presión o diabetes debes quitar las uvas, mangos y plátanos (bananas).

También puedes comer sopas verdes, tomar té verde; infusiones como manzanilla y hierbabuena.

Como te he dicho en capítulos anteriores, es necesario un compromiso espiritual donde estés convencido de que realmente quieres tener un despertar espiritual y pasar al ayuno de 21 días en el cual sólo tomarás agua y algunas frutas. Es muy importante y crucial hacerlo con determinación, pero cuidando que no te enfermes...

Por eso te aconsejo que antes de hacer este ayuno de 21 días, hagas el de 7 o 10 días y hagas los trucos que te compartí antes.

También es importante incluir suplementos de mucha calidad como proteínas basadas en plantas. Resalto aquí la importancia de que, si deseas realmente hacer un compromiso serio para tener un despertar espiritual, este ayuno de 21 días lo hagas tomando sólo agua, té caliente y algún suplemento de proteína basada en plantas que sustituya a la comida durante ese tiempo. Es un reto, pero se puede hacer a medida que tenemos un mayor control sobre nuestro cuerpo físico y mayor despertar espiritual.

Si llevas a cabo esto lograrás vaciar tu cuerpo de todas esas legiones y energías negativas y así comenzaras a sentirte más fuerte. Conseguirás empezar tu camino comprometido y con un gran deseo de ser más espiritual; porque al desintoxicar totalmente el cuerpo comienza a fluir el espíritu.

Al principio será difícil incluso dolerá, pero si tú realmente quieres lograrlo es necesario sacrificarte, así como lo hizo el maestro Jesucristo en la cruz y dejar que esos clavos te traspasen las manos, traspasen el cuerpo metafóricamente hablando, y te enfrentes a ti mismo, demostrando que eres más fuerte que todo eso que está a tu alrededor.

Esto se trata de un fortalecimiento espiritual, personal y físico. Todo este proceso te ayudará a que te quitesesa armadura pesada que llevas encima y llegará un momento en el que vas a querer parar, incluso sentirás que te desmayas, pero es normal. No te rindas, es necesario pasar por este valle. Te sentirás agotado, pero no te preocupes, sobrevivirás, mientras te nutras con los mejores nutrientes, suplementos y todo aquello que venga del agua, de la tierra y del espíritu, como las proteínas basadas en plantas. Créeme que, con el tiempo, esto se convertirá en un estilo de vida.

La meditación y la oración deben de ir de la mano con estos 21 días de desintoxicación. Cuándo estés listo puedes doblar el número de días a 40 y te darás cuenta de que «no morirás» porque estas hecho de espíritu y que todo lo que tenías en la cabeza eran creencias limitantes.

Desde esa posición valoraras más tu cuerpo y verás que no necesitas ninguna clase de animal en tu organismo. Te vas a dar cuenta de lo equivocado que estabas y del error que cometiste sin saber. Estabas lastimando a los demás seres vivos por nada, pues no había en esos actos ningún beneficio para nadie.

Sé que puede sonar difícil para ti, incluso podría sonar como algo casi imposible para algunos; pero créeme que cuándo estás comprometido con este cambio, el espíritu lo permite y abraza a las personas cuando sienten que ya no pueden más.

Dobla tus rodillas en tu oración mientras estés meditando y clama por ayuda. Llora si es lo que sientes que necesitas hacer, porque eso te va a ayudar a ser más fuerte.

Yo te aseguro que, si yo pude, tú también puedes

lograrlo y vivirás más feliz. Te lo garantizo, nada podrá destruirte. Así venga toda clase de dificultades que te quieran aniquilar, en ese momento vas a saber que nada puede derribarte y te vas a dar cuenta de que toda esa materia no es lo más importante.

CAPÍTULO 4

Tú tienes lo que necesitas dentro de ti y puedes ayudar a otros a que despierten

Como dije en la introducción de este libro, siento un profundo descontento con aquellos que dicen ser maestros y que en lugar de ayudarte lo único que buscan es ganar dinero con el sufrimiento de las personas...

Me duele y me llena de tristeza ver que mi gente ponga su confianza en curanderos, brujos, personas que leen el tarot, las cartas y, encima de todo, paguen altas sumas de dinero por conseguir supuestamente solucionar sus problemas.

Te comparto que no estoy en contra de que a la gente le guste que le lean el tarot, si es que así lo quieren. Lo que me preocupa es que estos maestros o guías sean solo un fraude, que ni siquiera sepan lo que están haciendo ni cómo ayudar y su único objetivo sea sacarte dinero. Incluso puede que haya personas que quizás tengan dones del espíritu, pero al tener su mente solo enfocada en cuánto dinero recibirán por la ayuda que prestan, puedan llegar a perderse en el ego y en la avaricia.

Ahora, por otro lado, me preocupa que las

personas no se den cuenta de que no necesitan soluciones mágicas, más bien necesitan conectar con su YO superior, conectar con su morada celestial, con su corazón y, sobre todo, necesitan conectar con el Padre para así solucionar todos sus problemas.

Si tú ya has tenido un camino espiritual, te dedicas a ayudar a otros con tu conocimiento y te preocupa si recibirás algo a cambio por la ayuda que brindas, quiero decirte que NO te preocupes por eso, porque tu recompensa llegará rápido.

No caigas en la trampa de querer cobrar altas sumas de dinero por ayudar a otros, porque ese no es el camino. Piensa que hay mucha gente allá afuera haciendo eso y no le están haciendo ningún bien a la humanidad.

Ahora, si tú eres de los que quizás buscan esa

clase de servicios, te digo que te fijes bien a quien le das tu confianza. Que te sirva de señal, de alerta máxima, si a la persona a la que le solicitas la ayuda te pide pagar precios exagerados por el servicio que estés buscando, de lo que ellos te ofrecen hacer.

Un verdadero maestro espiritual

no busca la riqueza.

Como sabes, yo he prestado mis servicios a personas para ayudarlas a sanar de sus problemas físicos. Me encontré con personas que me buscaban para que les ayudara a recuperar a sus parejas, me pedían que les hiciera un trabajo para recuperar a sus maridos. Yo les decía que lo que en realidad podía hacer por ellos era ayudarles a tener una verdadera conversión a través de los pasos que te compartí antes y que sólo así, transformándose, podrían conseguir traer de nuevo la armonía en el hogar. A través de su ejemplo, podrían ayudar a sus parejas a transformarse también y volverían a estar juntos.

Y no, yo nunca he cobrado sumas excesivas a nadie que ha llegado a mí para pedirme ayuda para sanar. A todo aquel que ha llegado a mí por cualquier razón y con cualquier situación, le he ayudado sin buscar ninguna recompensa monetaria, ya que mi maestro Siddhartha me dijo que yo debía ayudar a sanar a la gente, pero que nunca buscara el dinero como fin principal. Que nunca me enfocara en solo cobrar por esa ayuda, pues no era yo quien hacia estas cosas, más bien soy un instrumento para compartir y transmitir la información que puede ayudar a los demás a que encuentren el método adecuado para sanarse a sí mismos.

Soy fiel creyente de que el mundo necesita más maestros espirituales de verdad, esos que sólo buscan llevar al mundo el conocimiento de las cosas espirituales, que ayuden verdaderamente a otros a poder vivir una vida más consciente, más feliz, Y claro que tú, como estudiante, puedes conectar contigo para reconocer a tu maestro. Abre tus ojos espirituales y reconoce que un verdadero maestro, alguien que se dice un ser crístico, JAMÁS debería cobrar altas sumas de dinero por lo que hace por los demás.

"Permítete ser un instrumento para sanarte a ti y a los demás"

No puedo dejar de recalcar esto. Si tú estás buscando que alguien te sane de tus males, primero date permiso de ser tú quien se sane así mismo a través de estos pasos. Cuando ya sepas cómo hacerlo, ayuda a los demás sin esperar ni pedir que te paguen un precio elevado.

El mundo necesita más maestros como nosotros

Sin importar cuál sea tu decisión al final cuando hayas terminado de leer este libro, quiero decirte que el mundo necesita a más maestros que estén dispuestos a dar todo, e incluso un poco más de sí mismos para ayudar a otros a despertar.

Yo, por mi parte, estoy poniendo mi granito de arena con este manifiesto en forma de libro, para ayudarte a sanar y ser libre. Por eso te estoy dando este mensaje tan maravilloso y gratificante, con el cual te darás cuenta de que todo lo que necesitas está en ti y que tú puedes y tienes derecho a saber estas verdades.

Tú y yo somos privilegiados por tener este conocimiento y tenemos en nuestras manos la posibilidad de hacer que más personas lo conozcan.

Quizás pueda ser que incluso te estés llevando las manos a la cabeza, pensando en toda la información que has recibido hasta aquí. Déjame decirte que es normal, porque aún no has empezado tu camino a un nivel más consciente.

Sin embargo, el hecho de que estés aquí leyendo este libro es un gran comienzo, porque no es casualidad que estés leyendo estas líneas, aun cuando quizás ni siquiera has decidido si quieres o no recorrer el camino del despertar de tu alma.

Todavía te falta más por leer y te aseguro que cuando termines este libro tendrás una respuesta clara en tu cabeza y en tu corazón. Sinceramente, espero que sea un ¡sí quiero hacer este cambio!...

Espero que no te quedes solo con la lectura, sino que lleves a cabo los ejercicios y los pasos que te estoy compartiendo, para que puedas ver por ti misma, por ti mismo, cómo se da el resultado que te prometo que tendrás.

CAPÍTULO 5

Si nos decimos seres sensibles
y amantes de toda la vida,
debemos ser congruentes con
ello.

En esta pequeña parte quiero detenerme a hablar de la importancia de ser congruentes con lo que decimos. Créeme que yo sé que cambiar nuestra mentalidad es un proceso. Lleva su tiempo y, a su vez, implica el deseo de entrar en este proceso y sentir el llamado a una vida crística. Esto es diferente para cada persona.

Quizás todo esto que te he mencionado sobre dejar la comida de origen animal sea algo que se te haga muy difícil, incluso puede que pienses: «Yo soy una persona que no es indiferente al sufrimiento de los animales y de la humanidad»

Y sí, puede que una parte de ti se conmueva cuando oyes relatos relacionados con el maltrato a los animales, porque la comida que llega a nuestras mesas es tratada y procesada por otros, por eso se nos hace fácil crear una desconexión.

Nos falta la conciencia de entender que eso que nos estamos llevando a la boca NO salió de la nada y SÍ es parte de un ser vivo al cual le quitaron la vida para qué lo compres y lo pongas en tu mesa.

Esto que te acabo de mencionar es un pensamiento muy común, pero como ya estás leyendo este libro, supongo que quieres dejar atrás eso de seguir en el engañoso letargo en que has estado metida o metido durante todos estos años.

Y si todavía no te decides a cambiar tu alimentación por completo, te invito a que pienses en lo siguiente:

¿Como puedes pensar que algo que no está vivo puede darte vida a ti?

Piensa en cuánto sufrimiento soportan los animales antes de su terrible final. ¿A dónde se va toda esa tristeza, todo ese miedo, todo ese dolor que viene dentro de esos trozos de carne?

¡Exacto! ¡Se va dentro de ti! por eso hay tanta depresión, tanta tristeza, tanto enojo; porque eso es lo que nos estamos llevando a la boca, eso es lo que estamos dejando entrar a nuestro organismo.

Con esto no busco hacerte sentir mal ni culpable porque todos los que estamos despiertos ahora estuvimos dormidos alguna vez. Yo lo hice. Pasé por muchas cosas hasta que me llegó el llamado e hice entonces el compromiso de adentrarme en el camino hacia un estilo de vida libre de dolor para mí y para todos los seres vivos que me rodean. Yo me comprometí a superar todos mis vicios.

Por eso hablo desde la experiencia y sé que todo aquel que de verdad se comprometa a cambiar puede hacerlo porque yo lo hice y sé que tú lo conseguirás.

Y cuando lo logres descubrirás que eres más

fuerte y grande de lo que pensabas.

Todas estas cosas que te compartí en los capítulos anteriores son una pequeña pero fundamental parte del proceso para encontrar tu despertar. Ahora vamos a pasar a las prácticas que tanto he dicho que te enseñaría, las cuales, acompañadas del vegetarianismo y el veganismo, te van a conectar con tu morada, ósea, tu corazón.

Te comparto una oración, un decreto y un mantra que te serán de mucha ayuda durante tu meditación.

Oración:

Oh morada celestial eres tú mi guía y mi refugio. Sólo en ti confío. Cuánto tengo que agradecerte a ti. Eres tú mi principio y mi fin. En esta meditación guíame, dirígeme, protégeme y ten piedad de mí, divino maestro interno. Llévame por los senderos de la conciencia cristica, te pido que seas mi refugio y mi sostén.

Decreto:

Si eres mujer:

Yo soy la mujer que ríe, yo soy la mujer que canta, yo soy la mujer que suena, yo soy la mujer hija de la tierra, yo soy la mujer hija del padre, yo soy la mujer sanadora, yo soy la mujer que cura, yo soy la mujer Diosa, hija del sol y de las estrellas, yo soy la mujer perdonada, yo soy la mujer paciente, yo soy la mujer hermana de las plantas, hermana del agua y hermana del aire, yo soy la mujer libre y yo soy la mujer pura, yo soy la mujer hija del gran espíritu, yo soy la mujer medicina.

Si eres hombre:

Yo soy el hombre que ríe, yo soy el hombre que canta, yo soy el hombre que sueña, yo soy el hombre hijo de la tierra, yo soy el hombre hijo del padre, yo soy el hombre sanador, yo soy el hombre que cura, yo soy el hombre Dios, hijo del sol y de las estrellas, yo soy el hombre perdonado, yo soy el hombre paciente, yo soy el hombre hermano de las plantas, hermano del agua y hermano del aire, yo soy el hombre libre y yo soy el hombre puro, yo soy el hombre hijo del gran espíritu, yo soy el hombre medicina.

Mantra:

Con este mantra repite esto:

(Ah/ Ah /Ah).

Esta oración, el decreto y el mantra (Ah/Ah/Ah) debes hacerlos para ayudarte en las meditaciones, especialmente cuando estas comenzando a practicar esto de meditar, ya que al repetirlas te podrás mantener concentrada o concentrado al mismo tiempo que te relajas.

Puedes decir la oración, el decreto y recitar el mantra de "Ah Ah Ah" en ese orden. Luego puedes hacer uno de los tres solamente para ir concentrándote más en la meditación y no en la repetición de la oración, el decreto o del mantra.

Incluso puedes simplemente decir el mantra. Estos son métodos para encontrar la relajación cuando estamos iniciando. Te aseguro que con el tiempo hasta tus propias oraciones o mantras van a comenzar a salirte de forma espontánea y eso es lo que estamos buscando.

Como te dije antes, la conexión y el despertar espiritual es diferente para cada persona y cada uno hace su camino y se comunica con el creador de la manera en la que lo siente

Yo no quiero que te limites ni que hagas las cosas como si estuvieras repitiendo algo memorizado, pues así no es como debe ser. Todo esto que te estoy compartiendo es una guía y la base, esa que sí debes realizar al pie de la letra, viene en el siguiente capítulo. Cuando llegues a tu despertar puede variar según te lo indiquen tus guías. Al principio, cuando comiences este camino, es importante que la sigas al pie de la letra.

CAPÍTULO 6:

Práctica de meditación y autosanación

Práctica de Meditación:

Paso 1

Busca un lugar tranquilo donde puedas meditar. Elige libremente donde quieras llevar esto a cabo; puede ser cualquier lugar: tu habitación o el baño.

Lo importante es que sea un lugar tranquilo donde puedas estar solo.

Siéntate en el suelo, cierra los ojos, relaja tus hombros y coloca la espina dorsal totalmente recta. Haz tres respiraciones profundas inhalando el aire desde tu nariz, pasándolo por el abdomen lentamente.

Lleva este aire hasta tu espina dorsal y luego hazlo subir desde tu espina dorsal hasta la glándula pituitaria, llevando este aire por tu nuca, el entrecejo la frente y sacándolo por la nariz.

Ese aire lo debes retener durante 10 segundos.

Harás 3 repeticiones de 10 segundos cada una; es decir inhalas, retienes, sueltas, inhalas, retienes, sueltas.

Todas las veces vas a llevar el aire de tu nariz a tu abdomen. Lo subes por la espina dorsal, pasas la glándula pituitaria y lo sacas por la nariz.

Después de las tres repeticiones cortas, lo harás otra vez durante 20 segundos realizando tres repeticiones igual que la vez anterior y, por último, repite otra vez durante 30 segundos.

En las dos primeras, de 10 y 20 segundos, inhalarás por la nariz y lo exhalaras por la nariz también. En la de 30 segundos, debes inhalar con un poco más de suavidad y lentitud exhalando por la boca.

Por último, llevarás a cabo una cuarta respiración, pero esta la harás con mucha más suavidad y calma para terminar de relajarte.

Paso 2

Estando aún en ese estado de máxima relajación, sigue respirando con suavidad y concentra toda tu atención en tu respiración y en tu entrecejo. Tanto el paso uno como el paso dos deberán llevarte de 5 a 10 minutos.

Práctica de Autosanación:

Paso 1

Busca un lugar tranquilo donde puedas meditar. Elige libremente donde quieras llevar esto a cabo; puede ser cualquier lugar: tu habitación o el baño. Lo importante es que sea un lugar tranquilo donde puedas estar solo.

Siéntate en el suelo, cierra los ojos y haz tres respiraciones profundas inhalando el aire desde tu nariz, pasándolo por el abdomen lentamente.

Lleva este aire hasta tu espina dorsal y luego hazlo subir desde tu espina dorsal hasta la glándula pituitaria, llevando este aire por tu nuca, el entrecejo la frente y sacándolo por la nariz.

Ese aire lo debes retener durante 10 segundos. Harás 3 repeticiones de 10 segundos cada una; es decir inhalas, retienes, sueltas, inhalas, retienes, sueltas.

Todas las veces vas a llevar el aire de tu nariz a tu abdomen. Lo subes por la espina dorsal, pasas la glándula pituitaria y lo sacas por la nariz.

Después de las tres repeticiones cortas, lo harás otra vez durante 20 segundos realizando tres repeticiones igual que la vez anterior y, por último, repite otra vez durante 30 segundos.

En las dos primeras, de 10 y 20 segundos, inhalarás por la nariz y lo exhalaras por la nariz también. En la de 30 segundos, debes inhalar con un poco más de suavidad y lentitud exhalando por la boca.

Por último, llevarás a cabo una cuarta respiración, pero esta la harás con mucha más suavidad y calma para terminar de relajarte.

Paso 2

Estando aún en ese estado de máxima relajación, sigue respirando con suavidad y concentra toda tu atención en tu respiración y en tu entrecejo. Tanto el paso uno como el paso dos deberán llevarte de 5 a 10 minutos.

Paso 3

Coloca tus manos de forma que tus palmas se toquen entre sí y comenzarás a frotarlas como si quisieras calentarlas... Lleva tus manos a tu pecho justo a la altura de tu corazón y vuelve a hacer una respiración profunda. Inhala el aire por la nariz a través de una respiración profunda.

Vuelve a hacer que el aire baje desde tu garganta hasta tu vientre. Siente y visualiza en tu mente cómo este aire se carga de la energía sanadora. Siente cómo es llevada por el aire desde tu espina dorsal hacia tu corazón y conéctala con tus manos.

Cuando sientas que tus manos palpitan sabrás que lo lograste.

Traspasa la energía sanadora de tu corazón a tus manos y solo en ese momento, sepáralas de tu pecho. No las separes antes de saber con certeza que es el momento adecuado. Es importante, estudiante, que sepas que en cada una de las palmas de las manos tenemos un ojo y estos también son una conexión espiritual.

Este proceso de sentir que has cargado la energía sanadora en tus manos te llevará un tiempo y sabrás que efectivamente tus palmas están cargadas de la energía cuando sientas latidos o pulsaciones en ellas. Para que la identifiques, debes saber que es una sensación como si tus manos hicieran pum, pum, pum, al ritmo de tu corazón.

Cuando sientas que las palmas de tus manos y tu corazón laten al mismo tiempo, es cuándo la carga se ha hecho.

Ahora sí podrás levantarte a realizar la sanación. Si deseas sanarte a ti mismo, debes pasar la energía por todo tu cuerpo, empezando con pedir permiso al Padre para entrar y así poder quitar todo bloqueo físico, emocional, mental y espiritual.

Después de realizar este decreto y obtener el permiso del Padre, vas a concentrarte en la zona en la que tengas algún dolor o en la parte de tu cuerpo que quieras sanar. Llevarás las manos hacia esa zona. Puedes elegir si tocas directamente la zona a sanar o no. Si eliges no tocarla, funcionará igual, solo asegúrate de mantener 3 cm de distancia entre tu cuerpo y tus manos.

Coloca las manos sobre la zona enferma a 3 cm de distancia de 2 a 4 minutos. Mientras estas enviando la energía puedes decir algunas afirmaciones como:

Yo soy la cura eterna de todas las enfermedades que padezca mi cuerpo.

Yo estoy deshaciendo y liberando en mí, con el divino poder del padre, toda la negatividad y dolor que hay en mí, porque soy capaz de (dices el nombre de lo que quieras curar).

Un ejemplo: *"Yo estoy deshaciendo y liberando en mí, con el divino poder del Padre, porque yo soy capaz de deshacer toda la negatividad y dolor que este en mi rodilla".*

Otra afirmación podría ser: *"Yo me despego de cualquier causa que haya sido impuesta para tener este dolor en mí…"*

"Yo estoy cortando cualquier maldición que haya sido hecha en contra de mí y de mis ancestros".

"Yo estoy cortando cualquier maldición que haya sido hecha por mis ancestros".

"Yo deshago toda maldición, toda dolencia física, todo mal".

"Yo deshago toda dolencia mental, toda dolencia espiritual, toda dolencia física, todo pacto que haya sido en contra de mí y de mis ancestros".

También puedes decir lo que nazca de tu corazón. Tú puedes crear tus propios decretos guiándote por lo que te diga tu corazón en el momento.

Enséñate a confiar en la voz de tu corazón y no escuches ninguna otra voz.

Siempre usando la divina frase "Yo soy, Yo estoy" al inicio de cada decreto y siempre en tiempo presente.

Otro decreto de sanación sería el siguiente: *"Yo decreto que Dios vive y reina en mi corazón. Él tiene el poder para deshacer esta enfermedad."*

"Yo estoy curando, estoy secando esta enfermedad, para que se vaya ahora mismo".

Recuerda que las palabras tienen un gran poder, así puedes curar cualquier enfermedad y cualquier dolor en ti misma o en ti mismo. Puedes también decir otros mantras como:

"Yo estoy destruyendo toda enfermedad gracias al poder del maestro Jesucristo, toda enfermedad será sanada, ahora en el nombre de Jesús, en el nombre del Padre creador. ¡Gracias, hecho esta! ¡Que así sea! ... ¡Lo recibo!"

Tu corazón también puede ayudarte a decretar con sabiduría.

No tengas miedo de crear tus propias afirmaciones. Siempre puedes decir lo que salga de tu corazón y así podrás curar, sanar y secar toda clase de males y energías como el maestro

Jesucristo secó la Higuera.

Podrás arrancar de tu vida toda clase de males y de situaciones que te estén causando dolor y angustia. Es tan maravilloso esto que te estoy compartiendo porque de verdad tu palabra es como el fuego del Espíritu Santo y en cuánto tu palabra sale de tu boca se manifiesta.

Tus palabras son lo que precede a la manifestación de lo que tú quieres y estás creando desde tu interior. En este punto, ya estarás conectado con el Padre y tu palabra se convertirá en la clave para deshacer toda enfermedad. Esta es una gran herramienta para que tú sanes y te liberes de todo lo que te causa algún dolor. Puedes utilizar esta misma técnica con animales y con personas con las que tú sientas el llamado a servirles y que sepas que lo necesiten.

No obstante, para poder llevar a cabo la práctica de sanar a otras personas, te voy a dar una técnica más en el capítulo siguiente.

CAPITULO 7

Práctica para sanar a otros

En este capítulo te explicaré cómo es que se realiza la sanación en otras personas:

Prácticamente repetirás todo lo que te mencioné en el paso uno y dos del capítulo seis.

En lo referente a las respiraciones profundas, en la

posición que te mencioné durante 5 a 10 minutos, las tres respiraciones profundas normales y la cuarta respiración que es relajada. Todo esto en conjunto sería el paso uno en esta práctica de sanar a otros.

En el punto en que vas a recargar tus manos para llenarlas de energía, en lugar de hacerlo sentado, te vas a hincar y de rodillas buscarás recargar la energía en el fuego del Espíritu Santo. Vas a pedir permiso al Creador porque él será quien va a hacer el trabajo de llevar tu energía y no tú.

Procedes a cargar tus manos poniéndolas en tu corazón mientras estás en postura de oración de rodillas.

Si tienes una mesa de masaje sería perfecto; si no, puedes pedirle a la persona que se acueste en el suelo o en una manta. Incluso puede ser en una cama normal. Le indicas a la persona que se relaje totalmente, le pones una música suave, muy suave, para que se relaje. Puede ser una música espiritual o música instrumental solamente. Asegúrate que sea música que no tenga palabras para que la persona pueda relajarse y no se distraiga con la letra.

Después, una vez que hayas cargado la energía que viene de tu corazón y del fuego del Espíritu Santo, te vas a bañar con ese fuego, visualizando que va desde tu cabeza hasta los pies.

Vas a decirle al Padre que te cubra y te proteja de todo mal y que te dé el permiso de ser su instrumento.

Un ejemplo de lo que puedes decir es:

Yo estoy cubriendo mi cuerpo, protegiéndome

de todo mal, de toda negatividad en el nombre de Dios Padre, protegiendo y encapsulando mi aura, cubriéndola para que ninguna mala influencia negativa dañen ni a este ser humano ni a mi cuerpo. Me envuelvo en esta burbuja protectora que me cubre para expulsar todo mal de esta persona que requiere de mi ayuda.

Cómo protegerte mientras realizas la sanación.

Debes visualizar que estás dentro de esa burbuja y que la cierras y así nada podrá afectarte ni dañarte.

Visualiza claramente la burbuja o cápsula para verte dentro de ella y que te cubra por completo. Luego de visualizar esto en tu mente, debes cerrar la cápsula visualizando que hay un cierre y, para cerrarlo, debes empezar desde los pies hasta tu cabeza. Todo esto lo debes hacer después de haber iniciado con una oración de rodillas, ya que esto es el paso número dos.

Después de qué hayas hecho estos dos pasos de protección y te hayas encapsulado en la burbuja protectora qué has visualizado, vuelves a poner tus manos en el corazón y te posiciones a la altura de la cabeza del paciente.

Ahí le vas a pedir al padre diciendo:

Padre te presento a esta persona. Yo sé que tú conoces sus problemas y sus situaciones, Padre. Hoy me entrego a ti en servicio; me entrego a ti con todo mi corazón para que tú seas el autor de esta cura divina para esta persona y que no sea yo, sino tú, quién se mueva en mí, arrancando toda enfermedad y toda causa de sufrimiento en la vida de este ser; usa mis manos, gracias te doy Padre porque todo lo que has hecho, así es y así será.

Después de eso pasas las manos por el paciente. La primera vez dices:

En el nombre del hijo.

La segunda vez dices:

En el nombre del Espíritu Santo.

Así como visualizaste tu burbuja, visualizarás que la persona a la que vas a sanar tiene un cierre espiritual el cual debes abrir, solo con la autorización del Padre, la cual ya pediste, al igual que también pediste la disposición de la persona para ser sanada.

En la tercera vez que pases las manos sobre

la persona, abres el cierre desde la cabeza hasta los pies, todo esto visualizándolo en tu mente. Después, ya que esté hecho esto, empezarás a pasar tus manos sin tocarlo desde la cabeza hasta los pies.

Le harás una limpieza energética completa y, si el paciente tiene algún dolor, te vas a concentrar en esa parte donde le duele, moviendo las manos en círculos en la zona. Todo esto, sin tocarlo.

Si la persona tiene el dolor en la espalda, debes pedirle que se voltee boca abajo o pedirle a alguien que te ayude para que lo haga. En caso de que la persona esté impedida para poder hacerlo, vas a invitar a tu paciente a que haga una respiración profunda y repita las mismas acciones que tú hiciste, ósea las que haces para tu sanación personal, pero enfocándote en que el paciente haga las respiraciones por 10, 20, 30 y que se enfoque en respirar reteniendo el aire por el estómago para que tú puedas hacerle una activación de los 7 chacras o puntos energéticos.

Muy probablemente él o ella no sepan cómo hacerlo y tú los instruirás como yo lo he hecho en este libro contigo y, al mismo tiempo, seguirás haciendo los círculos con las manos.

En la segunda respiración, que es la de 20 segundos, debes pedirle al paciente que jale aire con fuerza y, mientras lo esté reteniendo, pídele que empuñe sus manos. Lo ayudarás contando del 1 al 20 y, cuando llegues a ese último número, le dices que suelte el aire y la fuerza en los puños. En la última serie vuelves a pedirle que inhale el aire profundamente hacia dentro y, con fuerza, vuelva a apretar sus puños. Entonces contarás hasta 30, un número por cada segundo, y cuándo llegues al 30, que vuelva a soltar.

Por último, le pides que haga una última respiración relajada. Con esto le habrás ayudado a abrir sus siete puntos energéticos.

Es maravilloso poder ayudar a las personas que a veces, sin darse cuenta, solitos desactivan todos los bloqueos físicos, mentales y espirituales que tienen solamente con su respiración. En este punto, ya lo desbloqueaste.

Para algunos, puede que suene a locura, pero algo tan simple como respirar correctamente puede hacer la diferencia para nosotros. Te lo puedo asegurar, ya que todo esto no lo aprendí en ningún curso, ni en ninguna certificación, sino que me fue dado por mis maestros durante mis meditaciones.

Ellos me indicaron lo que tenía que hacer y yo obedecí. Seguí su consejo descubriendo por mí misma que estas son herramientas súper poderosas.

Con el corazón en la mano amigo, amiga, te comparto que si todos supiéramos el poder que nos da conectar con nuestro despertar, el mundo sería muy diferente.

Pero sí quiero aclararte que no eres tú, ni soy yo, quien hace la obra, lo único que haces al llevar a cabo estas prácticas es conectar con el Padre y tener esa certeza de que el Padre es quien realizará la obra por ti.

Lo más maravilloso es que lo único que tienes que hacer es tener el deseo para ser un instrumento.

Mantras para sanar todas las áreas del cuerpo a través de los 7 chacras.

Para sanar todas las áreas del cuerpo debes seguir pasando las manos y ponerlas primero cerca de la mollera de tu paciente. ¿Cómo sabrás que su canal esté abierto? Lo sabrás cuando sientas que palpita en tu paciente la zona donde tienes colocadas tus manos.

Cuando sientas que la energía late en tus manos y en la zona donde estas sanando al paciente, pum pum pum, al mismo tiempo que el corazón, entonces sabrás que ya se activó esa zona y lo sueltas.

Antes de soltarlo puedes decir en tu mente, lo siguiente:

Divina y amada presencia, yo estoy quitando toda clase de insomnio, divina y amada presencia yo estoy transformando todo pensamiento negativo en positivo, divina y amada presencia yo estoy corrigiendo cada neurona, cada célula de esta divina mente que viene de Dios; santificando esta mente a partir de hoy.

Yo estoy sanando y perfeccionando con tu divina y amada presencia.

Luego puedes bajar las manos hacia los ojos, donde está la glándula pituitaria, y decir:

Yo estoy cerrando los ojos carnales y abriendo los ojos espirituales con tu divina y amada presencia.

Yo estoy despertando en este ser misericordia y amor, estoy abriendo este canal para que estos ojos sólo vean la luz, sólo vean el amor en todo lo que vean con tu divina, amada y poderosa presencia.

Quitas la mano de los ojos del paciente, pasas la energía por su cara y pasas a su garganta y pones la mano en esa zona. Entonces puedes decir:

Divina, amada y poderosa presencia. Yo estoy destruyendo todo bloqueo en su garganta. Le estoy dando la capacidad para hablar todo lo que este ser humano tenga que decir proveniente del corazón, todo lo que venga desde el amor.

Yo estoy corrigiendo cada problema, arrancando toda enfermedad relacionada con la garganta; estoy corrigiendo aquí el mal de tiroides. Todo mal que exista en su garganta.

Sueltas y dices: *con tu divina y amada presencia yo estoy aquí corrigiendo cualquier problema.*

Luego bajas al corazón y ahí puedes decretar:

Divina y amada presencia. Yo estoy arrancando toda ira en el corazón, toda la falta de perdón, ya estoy destruyendo todo el mal que existe en este corazón, estoy dando capacidad de entendimiento, de comprensión, de amor y de perdón con tu divina y amada presencia yo soy.

Bajas al plexo solar y dices: *yo estoy entrando y penetrando en este punto energético solar. Yo estoy arrancando todo desamor, estoy penetrando en este punto energético solar, arrancando toda la ira, todo deseo de venganza, todo coraje y rabia, todos los celos, de este punto energético, estoy quitando todo el cáncer. Cualquier tumor que esté metido en cualquier órgano, con tu divina y amada presencia.*

Te bajas al Chacra base y dices:

Divina y amada presencia, yo estoy arrancando todo sentimiento de soledad, de miedo y angustia, toda depresión, todo sentimiento de tristeza, yo estoy quitando de este Chacra toda emoción negativa; estoy arrancando todo tumor que haya en esta zona dentro de cada partícula, dentro de los ovarios (si es mujer), dentro su próstata (si es hombre), en su vejiga, de sus intestinos, dentro de sus caderas, estoy curando y perfeccionando todo, quitando todo el mal por tu divina y amada presencia.

Para terminar el punto energético o Chacra raíz, te vas hacia esa zona y dices lo siguiente:

Divina y amada presencia, yo soy la cura perfecta de todas las enfermedades que estén enraizadas en este punto energético, yo estoy quitando toda falta de conexión con la tierra, yo estoy limpiando y perfeccionando todo, quitando enfermedad y si existen problemas en la relación íntima, de esta persona y su pareja, yo estoy quitando cualquier problema o enfermedad de los órganos sexuales de esta persona, con la divina y amada presencia yo soy, yo soy el padre, yo soy, yo soy.

Luego bajas y pasas tus manos tres veces, primero desde los pies hasta la cabeza, y luego de la cabeza hasta los pies.

Por cada una de estas veces dices:

En el nombre del padre, en el nombre del hijo y en el nombre del espíritu Santo.

Después visualizas el cierre que abriste al principio y te preparas para cerrarlo tomando ambos pies del paciente, poniendo una mano en cada pie al mismo tiempo que colocas ambos pies pegados y dices:

Yo estoy abriendo todos los canales para que estos pies sólo caminen en los caminos santos de la verdad. Para que se dirijan al destino de crear lo bueno en los caminos de la abundancia, de lo poderoso y sólo se dirijan a las puertas verdaderas del despertar mismo, y caminen por senderos gloriosos.

Manera correcta de tomar los pies para realizar la conexión.

Requieres tener ambas manos como si abrazaras cada pie, asegurándote de que el centro de la palma de tu mano y el centro de la planta de su pie estén juntas y que tus pies estén alineados a la altura de sus pies.

Aunque el paciente este acostado y tú estés parado tomado con las palmas, unirás el centro con centro de tus manos en sus pies. Esto ayudará a que tú le abras el camino a la persona porque tus pasos lo guiarán a la luz y, por supuesto, todo esto deberás hacerlo mientras estás decretando lo que te dije arriba.

Una vez que terminas con esto, procederás al cierre desde los pies hasta la cabeza y parándote enfrente de la cabeza del paciente dices:

Padre creador, Padre de amor, te amo y te doy las gracias por la cura de hoy, porque sé que hecho está, por que tú lo haces todo, y todo es por ti y todo es para ti, te amo Padre y bendigo a este ser; lo envuelvo en la luz a partir de hoy, gracias, Padre de amor.

Así es cómo terminas con la curación. Y ese es el trabajo espiritual que vas a hacer con cada persona que te lo pida y lo requiera.

Las personas que vengan a ti no requieren hacer ninguna dieta ni preparación previa, solo necesitan tener la fe y la disposición para dejarse curar

Gracias a la meditación que realizaste, la persona estará receptiva a lo que has hecho y empezará a tener cambios en su vida porque tú le has abierto todos los canales y ya estará en cada una de ellas si deciden seguir avanzando en su despertar o quedarse así.

Esta preparación es para todos aquellos que desean ser sanadores de la luz y éste ha sido el vehículo que yo he utilizado para sanar y cuidar mi carruaje y a la vez para cumplir mi llamado de ayudar a otros.

Por último, todo este proceso que te acabo de explicar para sanar a una persona se realiza en aproximadamente 30 minutos y es muy importante que sepas que no debes pasarte de ese tiempo.

Consejos adicionales para cuidar el entorno, al paciente y la energía del lugar donde realizas la sanación.

Al realizar una sanación, prender palo santo o incienso antes de acostar a la persona en la cama de masaje ayuda para tener un ambiente apropiado de relajación. Puedes pedirle que abra los brazos para pasar el humo de este palo santo por todo su cuerpo para purificar y después le pides que se acueste.

Para que esa persona se vaya a su casa completamente limpio, al terminar la limpieza la persona quiere hacerte una donación es completamente bienvenida. Pero es importante decirle a la persona que te dé lo que su corazón le diga y también escucha al tuyo para que en caso de que, por ejemplo, tengas que manejar para llegar a la casa de la persona a la que vas a ayudar, puedas decirle a esa persona de antemano si te puede ayudar con el pago de tu gasolina como mínimo.

Esto lo comparto porque mientras tú no tengas los recursos económicos suficientes como para poder ayudar a la gente, sin que eso te genere gastos que no puedas solventar aun así podrías dar esa ayuda, pero también, a la vez, buscar el equilibrio en el cual tú das y la otra persona aporta, aunque sea un poquito... Deja que te ayuden sin abusar.

CAPÍTULO 8

Cómo sanar a una persona y a un animal en cinco minutos y cómo limpiar tu hogar de malas energías

En este capítulo quiero enseñarte cómo puedes sanar a una persona, a tu mascota o a cualquier animalito, además de poder limpiar tu hogar, o el de otra persona de malas energías.

Lo primero que tienes que hacer es ir al área que has destinado para convertirla en tu lugar de meditación para que te prepares en oración.

Cómo sanar a una persona en cinco minutos.

Esto te servirá para cuando alguien llegue contigo y vaya de paso, o si tú estas en una visita corta en la que no puedas quedarte mucho tiempo y notes que la persona esté pasando por alguna dificultad espiritual, emocional o de salud física.

Le preguntarás a la persona si puedes hacer una oración de liberación para ella. Si la persona acepta, le pedirás que se siente en una silla. Si estás preparada o preparado con la música instrumental espiritual de oración que te mencioné en el capítulo anterior, ponla; si no la tienes a mano o no estás preparado, no te preocupes.

Le pedirás que confié en ti; le harás la pregunta directa y preguntarás: ¿confías en mí? Cuando él o ella te diga que sí confía le pedirás que ponga sus manos en su pecho y cierre los ojos.

Te pondrás de rodillas frente a ella para efectuar la oración para sanar y pondrás tus manos en el corazón comenzando a cargar la energía del fuego del Espíritu Santo a través de las respiraciones que ya has aprendido a hacer y llevarás la energía hasta tus manos para después decir lo siguiente:

Padre te presento a esta persona. Te doy las gracias porque estoy aquí presente. Te doy las gracias por mi vida misma y la vida de esta persona. Te pido, mi Padre, que tú seas el autor de esta sanación. Que tú seas la medicina de esta persona, que no sea yo, que mis manos no sean mis manos, sino que sean tus manos.

Luego le indicarás a la persona que ponga sus manos en su corazón. Cuando lo haga tú pondrás tu mano izquierda en su cabeza y la derecha en su corazón y procederás a decir muy despacio:

Toda fuerza maligna que existe en esta vida sea arrancada. Ahora toda potestad, todo mal, toda fuerza maligna que lo persigue desde que era niño, toda fuerza que lo oprime sea arrancada ahora.

Después haces una pausa sin quitarle las manos de donde las pusiste y guardas silencio. Luego de ese breve silencio, quitas lentamente tus manos y le pasas la energía por el campo de su cabeza y por todo su cuerpo y luego dices: «*te bendigo, gracias por este momento*». Luego dices: «*Padre entrego esta vida y la entrego curada, limpia y consagrada para la honra y gloria de tu nombre. Amén.»*

Otra manera de hacer la sanación es:

Ponerte de rodillas frente a la persona sentada en una silla. Pon la música instrumental y coloca tus manos en tu corazón para cargar la energía; retira tus manos de tu pecho y coloca la mano izquierda en la cabeza del paciente y la mano derecha en su corazón y enuncia:

Padre de amor, te presento esta vida, te presento a este hombre (si es un hombre), esta mujer (en caso de que sea mujer) tú ya conoces las causas de sus problemas. Libérala ahora, libéralo ahora en el nombre de Jesucristo o en el nombre de en quien tu creas.

Y lo sueltas y empiezas a pasarle la energía por todo su cuerpo.

Aquí te comparto también una última opción en la que haces prácticamente lo mismo que en las otras dos: te pones de rodillas, haces las tres respiraciones, cargas la energía sagrada poniendo tus manos en tu corazón y dices:

Padre te presento a esta persona, tú sabes cuáles son sus situaciones, tú sabes cuáles son sus problemas libérala de todos ellos ahora y para siempre.

Después de decir esto, pones tu mano izquierda en su cabeza y la mano derecha en su corazón sin decir nada más lo limpiarás energéticamente. Luego retiras las manos y le das las gracias al Padre diciendo en tu mente:

¡Gracias padre porque esto está hecho ya!

Así es como terminas esta última técnica de curación en cinco minutos. Es importante destacar que no todas las personas están listas para recibir esta clase de curaciones. No todas aceptarán que las ayudes y no es porque tú no seas buen sanador, o porque ellos sean malas personas, sino porque a cada persona le llega su momento de despertar, de comenzar a creer. Así que tú concéntrate en hacer tu parte, en tener los ojos y la mente bien abiertas para saber a quién brindarle tu ayuda, para saber quién está preparado para recibir esta valiosa ayuda.

También te recomiendo decirle a la persona que elija cuál de todas estas opciones es la que más le funciona, explícale cada una de ellas de manera clara para que pueda elegir lo que más le ayude.

En caso de que alguna de estas personas no tenga fe en las oraciones mencionadas podemos usar el decreto del Yo Soy que he mencionado en otro capítulo. Este decreto es el siguiente: *«Yo soy la cura eterna de todas las enfermedades, Yo Soy el equilibrio perfecto de este cuerpo»*. Este decreto lo dices cuando estas realizando la sanación para alguien más. Y continúas diciendo: *«Yo Estoy secando toda enfermedad, Yo Soy la salud perfecta en todo lo que hago y digo»*. Este decreto lo puedes usar para alguien más o para ti mismo.

Algo maravilloso de esta técnica es que no necesitas ser de una religión específica, simplemente requieres manifestar la intención de querer sanar; basta el tener el deseo ardiente de sanar a alguien o en el caso de la persona que quiera ser sanada, basta tener la fe de que será sanada y funcionará.

Cómo sanar a un animalito.

Paso 1

Te colocas de rodillas, juntas tus manos palma con palma en postura de oración y las colocas en tu pecho, justo en el corazón. Al igual que en las anteriores sanaciones, vas a concentrarte y a respirar profundamente y vas a cargar el poder, la energía del fuego del Espíritu Santo. Harás con tu respiración lo mismo que con las otras dos sanaciones anteriores, llevarás el aire de tu nariz a tu estómago, llevarás a cabo el mismo recorrido de antes y llevarás la energía desde la primera inhalación hasta conseguir pasarla a tus manos y manifestarás la intención de sanar al animal.

Paso 2

Pasar tus manos al animal en la zona dañada, por ejemplo: si lo que le aqueja es un cáncer, debes pasarle tus manos por todo el cuerpo; pero si lo que tiene es una mordedura o una herida, solo debes poner ambas manos sobre la herida sin tocarlo, solamente a tres centímetros de distancia.

<u>**Cómo sanar una casa**</u>.

Para hacer esta sanción en casa de una persona que te lo ha solicitado debes ir completamente vestida o vestido de blanco y en ayuno. Nota: Esto de vestir de "blanco" y ayunar debes hacerlo tanto si vas a hacer una curación de casa, como si vas a sanar a una persona o un animalito. La ropa blanca y el ayuno son esenciales cuando vamos a sanar a alguien y ayudarle a vivir en un entorno libre de malas energías...

Pero si la sanación es en tu casa no es necesario vestir de blanco. Ahora, sin importar si es en tu casa o la de alguien más, entrarás en la casa y te pondrás de rodillas. Frotarás tus manos a la altura de tu pecho mientas respiras profundo. Después te concentrarás en cargar toda esa energía de tu templo sagrado, morada de Dios, y pondrás tus manos en el pecho; le pedirás permiso al padre para curar y limpiar esa casa.

Para poder hacer esta curación debes llevar palo santo, salvia o cualquier hierba sagrada que conozcas y uses. Vas a encender esa hierba y con el humo de esta vas a recorrer la casa entera diciendo estos decretos:

Yo, en el nombre de Jesucristo (o puedes decir

el nombre de en quien tú creas) saco de esta casa toda entidad, toda potestad, toda energía negativa que este aquí en esta casa causando miedos, causando tristezas, causando pleitos, todo mal y energía negativa. Las alejo de esta casa en el nombre de Jesús y, por el poder del Padre, yo arranco todo pacto que haya sido hecho en contra de las personas que vivan en esta casa. Todo trabajo. Toda magia negra. Toda cadena que haya sido impuesta por los antepasados de estas personas. Todo conjuro. Todo pacto hecho en contra de esta casa, de esta familia, que sea cortado ahora en el nombre de Jesús.

Yo mando sacar estas potestades, yo libero esta casa en el nombre de Jesús, yo estoy limpiando esta casa aquí y ahora.

Repites esto por todos los rincones. Debes

poner una música instrumental de esas que son de oración, esas que se utilizan para orar antes de encender o cuando estés perdiendo la hierba que utilices y empieces a ver salir el humo le dirás:

Abuelito fuego, tú que existes desde mis ancestros, abuelo fuego quema, destruye todo el mal en mí, (dices esto si la limpieza es para tu casa), si la limpieza es para la casa de alguien más y dices: destruye todo el mal que puede haber en los que habitan en esta casa.

Te vas pasando el humo alrededor de ti y luego comienzas a avanzar por la casa poniendo el humo delante de ti para que este impregne cada rincón del lugar en dónde estás pasando y dices:

Humito santo manifiéstate sacando toda potestad, toda negatividad de esta casa.

Y luego pasas a los demás decretos que te

enseñé arriba y al final sacas el humo abriendo todas las puertas y todas las ventanas.

Cuando termines debes hacerlo con una oración diciendo:

Padre, te doy gracias porque esta casa está limpia, está curada de toda envidia, de toda brujería, de toda hechicería, de todo pacto del incierto. Porque está completamente liberada esta casa y en este hogar solo se manifiesta la luz, la luz del Padre, solo se manifiesta la armonía, la armonía de Dios, la armonía del Padre. Lo declaro ahora y para siempre por los siglos de los siglos amén.

Cómo cargar el agua para limpiar y curar con ella.

En un capítulo anterior donde te contaba cómo sané a mi gato te mencioné sobre cargar el agua con energía sanadora.

En este capítulo te voy a compartir el proceso por el cual puedes cargar el agua para usarla para limpiar de malas energías un hogar y las cosas que hay en él.

Pones agua en un recipiente como lo harías normalmente. Entras en la casa en donde harás la curación y dices:

Padre te presento este elemento puro, divino y sagrado, has que este no sea un elemento simple y vacío, has que se llene de la energía de sanación para que me ayude a liberar y limpiar esta casa de todos los males y de toda negatividad que haya en ella.

Luego mojas una toalla pequeña con esa agua y empiezas a limpiar donde la gente se sienta y di lo siguiente: *Yo estoy limpiando este lugar donde la gente se sienta, estoy limpiando esta casa con el agua santa y divina.*

Y por ejemplo si estás limpiando la mesa dices: *Yo limpio esta mesa donde pongo el pan, la limpio con esta agua sagrada y bendita.*

Y así te vas con todos los lugares. Por ejemplo, la cama: *yo limpio esta cama de toda enfermedad, tristeza, insomnio de cualquier negatividad, con esta agua bendita y santa.*

Si te piden que pongas especial atención en la habitación de un matrimonio, puedes decir: *Yo estoy limpiando esta cama de toda envidia de todo enojo, tristeza, de malentendidos, para que quienes aquí reposan tengan calma, sientan compasión, cariño y lealtad en la pareja, para que solo haya sentimientos de amor limpio en esta habitación, para que ninguna envida prospere hacia el matrimonio que duerme aquí. Yo limpio todo mal con esta agua santa y sagrada.*

Puedes ir poniendo y rociando esta agua por todas partes en la casa, limpiándola con ella, repitiendo esto: *Estoy limpiando y arrancando toda negatividad, toda maldad, toda envidia con esta agua santa y bendita.*

Por último, puedes ir con esa misma agua y rociarla en la parte de afuera de la casa y decir:

Con esta agua santa yo limpio la entrada de mi casa, alejo toda negatividad, toda envidia con el agua santa y bendita.

Otro decreto podría ser:

Yo arranco todos los vicios, toda negatividad, todo pleito con esta agua santa y bendita.

Comienzas a esparcir toda el agua por toda la casa. Este es un ritual que puedes hacer afuera de la casa, dentro de ella o incluso en toda la casa, desde adentro hacia afuera y al revés.

Para ahuyentar o evitar que lleguen a tu casa personas que tengan alguna mala intención, personas envidiosas, gente que solo llegue a criticar, o en casos muy extremos, gente que nos desea algún mal; para alejar a ladrones y cualquier clase de energía negativa, tú debes limpiar la puerta de entrada de tu casa diciendo:

Yo estoy limpiando esta puerta, para que ninguna persona con intenciones maliciosas entre en este hogar. Estoy limpiando con esta agua santa la puerta de esta casa, para que la gente que esté llena de envidias hacia quienes viven en esta casa no puedan soportar estar mucho tiempo aquí. Que sientan la presencia de los ángeles que protegen este hogar y sepan que no les permitirán que causen algún mal. Estoy limpiando con esta agua santa y poderosa para que este hogar esté protegido.

Al limpiar la entrada de tu casa, ayudas a quitar las envidias, el mal de ojo, erradicas esta clase de energías negativas tanto en tu casa, como en la de tu familia. Yo uso esta agua para limpiar mi hogar muy seguido.

Con esto que te comparto sobre el agua, mi deseo es ayudarte y darte las herramientas que necesitas para que tú mismo, tú misma sepas limpiar tu casa de cualquier energía que no te sirva, de cualquier energía negativa. Ya que, gracias a esta agua cargada con la energía curativa y sanadora del padre, tú puedes llevar a cabo estas curaciones.

Incluso lo puedes utilizar para limpiar tu negocio, el de alguien más, junto con las demás técnicas de sanación que ya te compartí.

CAPÍTULO 9

Mi viaje con las plantas sagradas, el valor del aceite espinal y los cuerpos que envuelven al ser humano

En las culturas de muchos de nuestros países, desde tiempos remotos, nuestros ancestros supieron de la valiosa ayuda y beneficios que dan las plantas sagradas. Hay muchas plantas sagradas de diferentes tipos y con diferentes usos. Cada una te ayuda a conectar con algo. Desafortunadamente, con el paso del tiempo y con el adormecimiento de la sociedad entera, su uso se ha pervertido, lo cual solo les ha traído una connotación negativa. Sin embargo, su uso popular, o mejor dicho, el que se ha vuelto popular ante la gente no es el correcto, y por eso dedico este capítulo para darte información que te permita conocer la verdadera identidad de estas plantas tan maravillosas y posible aplicación y uso en el despertar de nuestra alma dormida.

No sé qué tan familiarizado, familiarizada, estés con este tema de las plantas sagradas, su uso y su verdadero propósito divino. Quizás hasta puedes sentirte atraído por estas maravillosas plantas sagradas y los beneficios que te pueden brindar en cuestiones espirituales. Pero si de verdad quieres conectar con el universo y el flujo divino, deseo compartirte que todo eso que buscarías en ellas, también está disponible para ti en tu interior ... Las plantas sagradas son un elemento de apoyo que, si aprendes a usarlas bien, con el debido respeto, conocimiento y guía adecuada, pueden serte de gran utilidad, pero solo si haces un uso adecuado de ellas, ya que con esto equilibrarías ambas fuerzas sobre tu espina dorsal. Es muy importante, para mí, recalcar la necesidad de aprender el uso correcto, ya que puede haber consecuencias negativas de no hacerlo de esta manera.

Las plantas sagradas no fueron creadas para darte placer, ni para hacerte vivir experiencias extrasensoriales, solo para experimentar como un juego. De hecho, su propósito principal es el de ayudarnos a acceder a esos mundos etéreos y espirituales a los que, por estar desconectados, no podemos acceder tan fácilmente. En lo personal, yo he tenido la oportunidad de vivir la conexión con el mundo espiritual con ellas y sin ellas.

Durante todo un año, medité dos horas diarias y logré esa tan ansiada conexión con el mundo espiritual.

Tuve maravillosas experiencias, las cuales ya te he compartido a lo largo de este libro, sin necesidad de hacer uso de estas plantas sagradas, pero luego de un tiempo, sentí el llamado...

Un día mientras meditaba fui llamada por los niños santos.

Un día mientras meditaba fui llamada por los niños santos. Es importante recalcar, que no fui yo la que un día decidió probarlos, ni tampoco lo escuché de alguien más, ni fue obra de la curiosidad. Yo sentí un verdadero llamado de las plantas, porque ellas te eligen a ti, no tú a ellas. Las plantas sagradas están en conexión con el cielo y el universo. Conocen nuestros corazones y cada una elige a quien esté preparado para recibir su mensaje. Así que yo fui elegida por "Los niños santos".

Las plantas sagradas nos permiten acceder y conectar con dones que quizás no hemos logrado desarrollar por medio de la meditación como, por ejemplo, el don de la telepatía, la clarividencia, la intuición, el don de la cura, el don de la transfiguración y el don de la resurrección.

Mi experiencia con una planta sagrada.

Lo primero que vi en esta experiencia fue que los niños santos me guiaban hacia mi mundo interior. Entre más me sumergía, más y más adentro, pude darme cuenta de que todo en ese mundo etéreo es como una selva llena de paisajes con pájaros y árboles de colores. Las plantas en este mundo son asombrosas. Lo llenan todo. Y las flores... las flores aquí son gigantes; todas las plantas tienen muchos colores hermosos.

En este mundo etéreo no hay tiempo ni espacio, todo es calma. Aquí dentro no hay día ni noche y todo está en paz; se percibe una gran felicidad todo el tiempo. A través de estos niños santos aprendí cómo se vive dentro de los jardines de este maravilloso mundo, lleno de plantas y flores de los que brotan aromas embriagantes. Aprendí también que en este mundo todos somos iguales. Los animales pueden comunicarse con las personas susurrándote al oído. El miedo aquí no existe y hay una melodía constante con tonos llenos de dulzura. Es verdaderamente un hermoso lugar, donde la magia existe todo el tiempo.

En este mundo espiritual solo se manifiesta el alma, no hay sexo, todos los seres tienen formas asombrosas y viven sus danzas mágicas. Tampoco hay idiomas, todo tiene una misma forma. No hay tinieblas, no hay ninguna clase de temor. Aquí lo más pequeño se hace grande, nada se destruye, todo vive eternamente y es aquí donde descubres de qué estás hecho. Yo tuve la oportunidad de ver cómo todo a mi alrededor tenía ojos, pero no me preocupe porque no me miraban con sentido de crítica, más bien me veían con ojos de admiración y es que en este mundo todos somos uno tal como lo fuimos en el principio.

¿Por qué el uso de estas plantas se ha convertido en algo negativo?

Algo que no podemos ignorar es que actualmente el uso de estas plantas se ha desvinculado de su uso correcto. Es por eso que las personas que usan dichas plantas terminan más dañadas que beneficiadas, pero no es por la planta en sí, más bien es por el uso inconsciente de ellas. Por eso hay tantas personas incapaces controlarlas y sufren porque empezaron esto sin haberse preparado antes, solo por curiosidad, por placer o para evadirse de la realidad. Esto solo les trae angustia y lágrimas; mi llamado a las plantas sagradas y todo lo que yo aprendí con ellas me fue revelado después de un año, donde invertí consistentemente, con amor y disciplina, dos horas de meditación diaria.

Te comparto que el uso de las plantas sagradas, en la forma correcta, con el debido respeto y la guía correcta, puede ayudarte a descubrir, en media hora, lo que a mí me tomó un año completo de meditación diaria. Yo lo comprobé y te comparto que llegué a ese mismo nivel de conciencia en media hora, pero hice mucha preparación previa a tener esa experiencia con estas maravillosas plantas. Querido estudiante, quizás para ti en este momento pudiera sonar a demasiada información, pero ten paciencia y confía en tu propio proceso de despertar de tu alma. Si tu mente no está preparada aún, te invito a dar un paso a la vez. A través de este libro te he compartido una metodología que puedes aplicar comenzando por tu alimentación, la meditación, el ayuno y la oración.

Es de suma importancia que comprendas que, cuando haces esto sin ser llamado y sin la preparación debida ni la guía adecuada, es fácil perderte en ese fuego de amor apasionado, en ese danzar y en las carcajadas de alegría. Sin embargo, todo esto que puede ser tan hermoso, si lo usas en tu contra al no hacerlo como debe ser, puede llevarte a un túnel obscuro como tristemente vemos hoy en día, como hay tantos allá afuera que se embriagan buscando esta felicidad artificial porque no están conectado con un proceso del verdadero despertar del alma. Las plantas sagradas no son para uso recreacional, se usan solo con el propósito de reconectarnos y no para adormecernos ni sacarnos de la realidad. Son para enseñarnos el camino....

Pero lo más importante es que no son el único camino y, es más, en realidad no las necesitas porque para reconectar y lograr tu despertar crístico solo necesitas desearlo, perseverar, y hacer los cambios que te mencioné anteriormente. En tu manera de pensar, en tu manera de comer y en general, en crear congruencia en todo aspecto de tu vida.

Si haces esto, tarde o temprano ese despertar sucederá y, si un día sientes el llamado de alguna planta sagrada, pero un llamado de verdad, puedes usarla. Pero no antes ya que, como te mencioné, y deseo recalcar esta información para que lo recuerdes, si tu encuentro con las plantas sagradas ocurriera en un momento en el que todavía eres un estudiante, sin la debida preparación, estarías desprotegido. Así que mi sugerencia es que, si sientes este llamado en los inicios de tu despertar, busca la guía de un maestro para que te ayude.

¿Qué camino es el más adecuado para hacer esos viajes que nos llevaran al despertar de nuestra consciencia?

En mi experiencia te puedo decir que no hay un camino bueno o malo, ya que son dos métodos para realizar esos viajes hacia nuestro interior. Uno es más lento y el otro es más rápido. Es como hacer un salto cuántico y pasar de la A hasta la Z en un abrir y cerrar de ojos... pero como en todo en esta experiencia terrenal, no es sano querer correr si ni siquiera has aprendido a gatear, ni tampoco puedes caminar sin sentarte primero o gatear. Por lo tanto yo creo que el modo correcto de hacer las cosas es mediante la práctica de la meditación diaria, la perseverancia en tu transformación personal y así iras logrando por ti mismo esa conexión; logras realizar esos viajes hacia el interior y, después, si se da la oportunidad, podrás utilizar estas plantas sagradas y ancestrales.

Así fue como lo hice yo, que usé una de estas plantas cuando tuve el llamado y luego dije ya no te necesito planta sagrada, ¡gracias!, porque tu influencia está dentro de mí y puedo acceder a ella sin necesidad de ti, en el momento en que yo desee hacerlo.

Cada planta puede llevarte a distintos lugares

de la conciencia y por eso no debes usarlas a la ligera y sin supervisión si no sabes manejarlas. Es importante que busques la guía de algún maestro. Ya en los primeros capítulos del libro te compartí cómo detectar a los maestros falsos, pero para reforzar, te diré que tú podrás distinguir a un maestro verdadero de un maestro falso a través de sus ojos, de su apariencia y, claro, de sus intenciones. Si su foco está en obtener lucro y cobrarte muy caro, ahí no es donde debes poner tu confianza. Si un maestro no desea participar de la medicina dentro del círculo de oración, también es un maestro falso. Para mí, es importante compartirte mi experiencia para que tengas los elementos básicos para ponerte en las manos correctas.

Dentro de mis propias meditaciones he recibido

información que me ha permitido aprender que los verdaderos maestros saben cómo ayudar a un estudiante que está requiriendo ayuda y saben sacarlo de ahí con su energía. El ponerte en las manos incorrectas simplemente te pone en un gran riesgo de no ser guiado y ayudado correctamente y esto puede tener resultados muy contrarios a lo que buscabas. Por eso es de suma importancia que el maestro participe de la medicina para saber guiarte.

Como te dije antes, es mejor empezar este camino desde cero e ir avanzando poco a poco y sin correr. Dar un salto cuántico puede parecer muy atractivo, pero no tiene sentido querer correr antes de caminar o gatear. eso sólo te puede conducir a despertar la parte negativa del ego, a llenarte de soberbia, a perderte en el camino, lo que trae como consecuencia el estancarte en tu proceso de crecimiento y de evolución. Porque, al despertar la parte negativa de tu ego, pierdes el equilibrio lo cual se manifiesta en conductas egoístas, falta de empatía, deseo de controlar a los demás, ira desenfrenada entre otros.

La verdadera evolución se da comenzando en la intimidad de una habitación, en soledad, solo tú y el cosmos, sin intermediarios, descubriéndote, sacando una capa a la vez de todo eso que te ha cubierto y te ha empañado la visión.

El aceite espinal.

Ahora quiero hablarte sobre el aceite espinal, el cual es un maravilloso aceite que recorre nuestra espina dorsal. Este flujo son las aguas sexuales que se producen en cada cuerpo. Es importante aprender a conocernos y saber lo que existe en nosotros, ya que Dios en su infinita sabiduría nos ha creado como seres maravillosos y todo tiene un porqué y un para qué.

Debes saber que, mientras más aceite espinal acumules, más tiempo vivirás y más joven te mantendrás. A medida que meditas, este aceite va subiendo por tu espina dorsal, tocando cada uno de tus chacras o puntos energéticos, hasta llegar a la glándula pineal y, de ahí, hasta llegar a la sima. Solo en este punto podrás tener ese equilibro deseado de luz y sombra, el famoso Yin Yang. El mal no tendrá poder sobre ti, porque estarás en un perfecto equilibrio y vencerás al dragón de las siete cabezas que son:

La ira

El sufrimiento

El miedo

La muerte

Los celos

La ambición

La gula

La importancia de no abusar de nuestro aceite

Ahora que sabes esto, es importante que aprendas a no abusar de este aceite ni tampoco malgastarlo pues este aceite tan valioso, aparte de ser el inicio de la vida, en términos de este plano físico, es lo que nos ayuda a seguir conectados con nuestro mundo espiritual. Es esa agua viva que lleva la energía para poder sanarnos y hacer muchas cosas por nosotros.

No te preocupes si durante un tiempo erraste el camino. No olvides que todo maestro, antes de serlo, fue estudiante y tuvo que aprender enfrentando todas las batallas para convertirse en un verdadero maestro. El punto aquí es que, ahora que sabes estas cosas, puedas hacer los ajustes necesarios para hacer las cosas bien y guardar tu aceite para que puedas convertirte en un ser lleno de sabiduría. Puedas ver en la obscuridad gracias a que guardaste ese aceite a partir del momento en que supiste de su existencia y valiosa importancia.

Quiero que tengas en tu mente que nadie se hace maestro sin haber tenido que dominarse a sí mismo y sus pasiones carnales. No se puede ser un verdadero maestro sin haber superado las pruebas que constantemente se nos presentan.

Mientras estamos en el viaje de aprendizaje al despertar espiritual, jamás se termina, y siempre se puede y se debe mejorar.

Para tener un verdadero autodominio en nuestros deseos y emociones, debemos tener el conocimiento de qué existen siete cuerpos dentro de nosotros.

Los 7 cuerpos que envuelven al ser humano.

Tenemos siete cuerpos espirituales en total. Cuatro son inferiores y tres son superiores. Se dividen desde el chacra o punto solar que se encuentra en la mitad del cuerpo. De la mitad hacia abajo, tenemos los inferiores, y estos son:

1. Cuerpo Físico:

Éste como su nombre lo dice es nuestro vehículo terrenal. El equipo o carruaje que reviste a nuestro espíritu y está vinculado con el elemento tierra. Solo puede ser visto por los ojos físicos, es lo que nos ayuda a movernos en esta experiencia llamada vida.

2. Cuerpo Etéreo:

Este es el cuerpo que se encarga de almacenar todas nuestras memorias, lo que hemos vivido en vidas pasadas esta almacenado en este cuerpo. Es un canal energético que se encuentra detrás de nuestro cuello, empezando desde la glándula pituitaria pasando por la espina dorsal, hasta llegar al Chacra o punto raíz y luego sube hacia el cerebro, donde se encuentra almacenado todo el conocimiento y vivencias que tuvimos de nuestras vidas pasadas. De hecho, este cuerpo nunca se desconecta del alma porque, cuando la persona muere, se conecta de inmediato con su siguiente cuerpo en caso de volver a bajar mediante la reencarnación. Este cuerpo está muy relacionado con el primer cuerpo que es el cuerpo físico, a lo que muchos llámanos el inconsciente y está vinculado con el elemento fuego.

3. Cuerpo Mental

Este cuerpo se encuentra ya en la tercera dimensión y siempre está en movimiento; es donde se mueven nuestros pensamientos por eso no podemos parar de pensar, siempre tenemos algo en la mente. Es muy importante aprender a manejarlo para mantener encendida la llama crística con pensamientos positivos porque, de no hacerlo, este cuerpo podría jugarnos en contra si dejamos que se llene con pensamientos negativos, como pensamientos de envidia o de celos. Cuando este cuerpo no es utilizado correctamente, aparecen los excesos de juicio y nos volvemos propensos a juzgar a los demás de manera dura y a nosotros mismos también; terminamos convirtiéndonos en jueces y verdugos de nosotros y los demás, dando cabida al ego. Este cuerpo está vinculado al elemento aire.

4. Cuerpo Emocional

Este cuerpo se encuentra en la cuarta dimensión y se encarga de almacenar todas las aptitudes de Dios. En este cuerpo se manifiesta la paz, el amor y el servicio, la misericordia, la piedad; en sí, todo lo que provoca felicidad y armonía a cada persona. Este cuerpo está vinculado al elemento agua.

Si este cuerpo no está equilibrado surgirán sentimientos como el rencor, la ira, la soberbia y el deseo del control y dominio sobre los demás. Habrá mucho llanto, tristeza, llanto de rabia; en sí, esta es una señal del desequilibrio de este cuerpo y cuando no lo usamos correctamente aparecerán muchas frustraciones. Por eso es muy importante controlar nuestras emociones, para que estas solo irradien el amor puro de Dios.

Por eso querido estudiante es importante que conozcamos estos cuatro cuerpos, los comprendamos y sepamos cuál es su función y el cómo usarlos correctamente ya que, al aprender a controlarlos y conectarlos entre sí, trabajando para evitar que se inclinen hacia su polo negativo, ellos nos ayudarán a tener una verdadera evolución crística.

Estos cuatro cuerpos inferiores son los que tienen esa polaridad negativa intensa; son los que, si no sabes usarlos bien como tu herramienta para evolucionar, se pueden convertir en un gran obstáculo. Si no los usas del modo adecuado, pueden hacer que el ego se manifieste en ti y, al final, termines sin tener una evolución y te quedes estancado, ya que el ego es la negación de la verdad crística que hay dentro de ti, es negarte a ver tu verdadero origen y potencial.

Ahora pasamos a los últimos tres cuerpos, los cuales llamo superiores, y se encuentran desde el plexo solar hacia arriba:

5. Cuerpo Causal

Antes de pasar a explicarte lo que hace este cuerpo, debo decirte que todos los cuerpos que te he mencionado y te mencionaré poseen alguna vibración, son energía y todos emanan luz que puede ser interpretada como una especie de aura, pero el cuerpo causal es el único de todos estos que en verdad es aura que rodea todo tu cuerpo. Es la capa protectora del cuerpo físico y protege a todos los otros cuerpos. Es en este cuerpo que puede ocurrir que las bajas vibraciones o energías de aparatos de radiación magnética, como el celular, el microondas, la televisión, la computadora, los audífonos, micrófonos pueden generar hoyos en nuestra aura. Por esos agujeros pueden entrar potestades sin pedir permiso con toda la libertad sin que tú puedas detenerlos.

Este es el causante que el ser humano enferme, ya que un aura con agujeros deja pasar muchas entidades negativas, causando daños en el aura y, por consecuencia, en la persona.

El cuerpo causal está formado por siete bandas y tiene en la parte superior, exactamente encima de tu cabeza, un halo que llamo «la corona dorada». Es el aura superior que está conectada a estas siete bandas, que están hechas de energía de luces de colores. Esta aura es muy tangible y latente, mucha gente posee la habilidad de verla e, incluso cuando meditas profundamente, puedes llegar a percibirla y sentirás cómo de tu cabeza emanan rayos largos que son esta energía y este cuerpo causal se encarga de almacenar todas las propiedades y obras buenas y las intenciones perfectas de Dios.

6. Cuerpo Astral:

Este cuerpo es llamado «el cordón plateado». Está ubicado en el ombligo y es el que te permite viajar entre el sueño y la vigilia. Este cuerpo permite que salgas de tu cuerpo sin que mueras. En este cuerpo puedes encontrar verdades, información sobre tu vida; el cuerpo sale todas las noches cuando dormimos. Este cuerpo viaja en el astral mientras tú duermes. Te permite viajar a todos los lugares de la conciencia y lo puedes lograr mediante la vigilia. La única manera de morir físicamente es cuando ese cordón plateado se corta mediante una orden divina. Ese cordón plateado te permitió vivir dentro de tu madre, estando conectado a ella mientras viviste en el agua dentro de su vientre, mediante el sueño y la vigilia.

Es importante dominar este cuerpo porque así puedes conectar con la consciencia de saber a dónde se va tu cuerpo todas las noches. Esto te permite vivir más armonizado y feliz, ya que mediante ese cuerpo podemos vivir plenamente esa vida de viajes afuera de nuestro cuerpo en una forma consciente. Muchos lo conocen como sueños lucidos, porque no son sueños fantasiosos, sino que son vivencias reales y mediante este cuerpo puedes disfrutar de ellos.

Como te mencioné en el capítulo de las plantas

sagradas, al realizar el viaje conectas justo con tu cuerpo astral y es mediante él que puedes viajar en el tiempo y desde la quinta hasta la séptima dimensión. A través del Cordón plateado.

7. El Santo Crístico

Este cuerpo ya es parte de la quinta dimensión y es el más importante de todos. Es el que se encuentra en tu corazón y está conectado con el sol. Es donde habita la chispa divina, donde habita Dios dentro de ti. Es nuestro canal de comunicación directo con Dios.

Vuelvo a recalcar la importancia de saber sobre todos estos cuerpos porque, gracias a este conocimiento, tu despertar crístico llegará a ser más fácil. Estudiante, en verdad quiero que no te quede nada en duda sobre todo esto, por eso te compartiré algo más... El ego es un ingrediente importante en la desconexión que vivimos desde tiempos antiguos, desde que la humanidad existe, porque no tenemos equilibradas nuestras dos fuerzas: la masculina, que es la que está mucho más conectada con las pasiones y los deseos carnales, es la que nos domina a la mayoría; y la femenina, que es la que tiene este vínculo con lo espiritual, con lo angélico y se mantiene dormida. Quizá quedó como resultado de cuando ocurrió lo que todos conocemos como la caída de Adán y Eva.

Y la manera en la que podemos encontrar ese equilibrio entre estas dos fuerzas para dominar al ego y todas las pasiones y sentimientos malos que éste genera, es a través de este estilo de vida más espiritual. A medida que vayamos meditando, el aceite, del cual te hablé antes, irá subiendo y con este aceite, ambas varas, la masculina y la femenina, se irán alineando.

Porque la vara masculina la mantendremos en un mismo nivel mientras que vamos poco a poco alineando la vara femenina. Mientras aprendamos a tener este dominio sobre nuestras pasiones, la vara masculina se mantendrá estática y, aunque a veces estemos bajos de ánimo, con la meditación constante iremos subiendo la femenina hasta que ambas queden a la par, y entonces sucederá que el ego y todo lo negativo se rendirán y ambas fuerzas comenzarán a trabajar juntas.

CAPÍTULO 10

El gran para qué de nuestra existencia

No es raro que en esta vida terrenal nos desconectemos… Vamos por ahí enfrascados en nuestras vidas rutinarias persiguiendo desesperados objetivos como lo son tener cosas materiales y, sin querer, no nos damos cuenta de que nada de lo que perseguimos es nuestro y que no nos lo llevaremos con nosotros una vez trascendamos.

Si nos bloqueamos, es completamente lógico desconectarnos de lo más valioso y podemos dejar a nuestro carruaje físico sin guía. Yo creo que nuestra misión en esta tierra, podría decirse, la GRAN razón de por qué estamos aquí, es para vivir en plenitud, pero una plenitud verdadera para conectar con otros seres humanos y con todos los seres vivos de este planeta...

Sé que ese es el primer y más importante mensaje que se te revelará si decides iniciar tu camino y tu despertar para convertirte en un ser crístico.

También venimos aquí para amar de forma incondicional a todos los seres vivos que son nuestros compañeros de piso en esta casa a la que llamamos planeta tierra. Se nos hace fácil pensar como humanos desconectados, que nosotros somos los amos del mundo, que tenemos derecho a tomar las vidas de animales inocentes creyendo que estamos en nuestro derecho y, como dije, pareciera que es normal sentirnos así por nuestra inconsciencia, al estar desconectados de nuestro espíritu y del mismo universo; pero no porque nos parezca común es lo correcto.

No se trata de decir tampoco que somos lo peor que le ha pasado a este planeta; ni tampoco se trata de agarrar una vara y latigarnos por los errores que hemos cometido. No somos lo peor que le pasó a esta tierra y no debemos tampoco pensar castigarnos porque simplemente el padre, o El universo, no quieren eso... Lo que nuestro amoroso creador quiere es que seamos mejores,

Él desea que aprendamos y mejoremos.

Así que di sí al contemplar la naturaleza con otros ojos, a aprender de los animales, a verlos como tus iguales ante el creador.

Observar la naturaleza te mostrará que en ella hay agradecimiento. Hay alegría y abundancia solo con salir a dar un paseo al parque, al bosque o a la montaña. Disfrutar de un paseo por una playa te permite ver la abundancia que existe en la naturaleza, porque aquí no hay escases.

Observa cómo las plantas y los árboles tienen vestiduras hermosas y diferentes para cada época del año. Recuerda cómo te deleitas en los aromas de las flores que adornan tu casa. Conecta con lo reconfortante de sentarte bajo la sombra de un gran árbol; disfruta el inhalar hondo y siente como el oxígeno entra por tu nariz.

Observa cómo las aves vuelan en el cielo libres sin preocupaciones sabiendo que todo lo que ellas necesitan está al alcance de sus manos. Ellas van surcando el cielo con sus alas extendidas, confiadas porque se han apropiado del cielo. Te invito a recordar los bellos colores de los plumajes de algunas aves hermosas; conecta con sus características maravillosas como son rayas, manchas y una gran variedad de especies de animales que existen y no puedes negar que son perfectos. Ellos no nacieron para que les arranquemos sus colmillos para hacer adornos con ellos, ni usarlos como trofeo. Ellos tampoco nacieron para que luzcamos orgullosos sus plumajes y sus pieles y, mucho menos, para que comercialicemos con lo que el Padre les dio para compartir con nosotros y alegrarnos la vida.

Todos ellos están aquí para enseñarnos de su bondad y no para ser nuestro alimento o nuestra diversión, mucho menos para ser parte de nuestro guardarropa. Ellos están aquí para acompañarnos. Aprende de los animales sobre la humildad, observa con lo que se alimentan, semillas, flores y plantas. Aprende también de ellos el agradecimiento y a apreciar la abundancia que nos rodea, para que, a medida que vayas avanzando en tu camino hasta tu despertar, puedas imitar a los pájaros extendiendo tus alas en el espíritu y llegar hasta las nubes... Incluso hasta las estrellas.

Otra de las grandes misiones que tenemos nosotros los que estamos despertando es la de, por un lado, liberarnos y liberar a nuestra descendencia de aquellas misiones no cumplidas de nuestros antepasados. Podemos ayudar a nuestros abuelos, bisabuelos y cualquier ancestro a sanar aquellas cosas no sanadas; a romper cadenas o pactos que no los beneficia ni a ellos ni a nosotros. Cumplir esas misiones que ellos no lograron cumplir puede ser otra misión especial.

Quizás nuestros antepasados no consiguieron despertar de ese engañoso sueño en el que la mayoría de la gente se encuentra.

Por otro lado, podemos también ayudar a las personas que estén a nuestro alcance para que consigan despertar. Podemos ayudar con nuestras habilidades sanadoras a quien nos lo pida sin pedirles nada a cambio, tal como la naturaleza nos ha enseñado, porque la naturaleza lo aprendió del creador...

El universo es infinito y, al ser parte del universo, es de alguna manera una responsabilidad enseñarles a cuántas personas quieran escuchar esta verdad liberadora, sanadora, de comprender que tenemos TODO lo que necesitamos en nuestro interior. Y con esto comprendido, cuando te toque dejar este mundo, serás mucho más sabio de lo que fuiste en esta vida.

Todo esto que te digo lo hago porque sé que todas estas cosas son lo que me ayudó a vivir mi vida de una manera mucho más sana. De verdad que no cambiaría nada de mi estilo de vida actual y no me imagino haciendo las cosas diferente. Ya casi para terminar este libro, quiero compartir contigo algunas otras verdades que he aprendido.

Una misión que debe de iniciarse desde adentro y en alineación perfecta.

Como ya te dije anteriormente viniste a realizar la misión que tus antepasados tenían que hacer y no pudieron por no haber logrado conectar con la información correcta, como te pasó a ti y como me pasó a mí. Por esto es preciso que termines con lo que ellos empezaron y, de una vez por todas, abras todos los portales de tu cuerpo. Es necesario que conozcas que existen siete portales celestiales en tu cuerpo físico llamados puntos energéticos o chacras.

El primero es llamado base y es de color rojo.

El segundo, este situado en el ombligo, de color naranja.

El tercero es el plexo solar de color amarillo.

El cuatro, el corazón en color verde.

El quinto en la garganta de color azul.

El sexto, el tercer ojo de color violeta.

El séptimo, la corona de color púrpura.

Cada uno conecta con una emoción y sensación física asociada a este Chacra. Hay ocasiones en que estos canales energéticos se bloquean y, más adelante, te compartiré enfermedades asociadas con bloqueos de los puntos energéticos. Para desbloquearlos puedes hacer lo siguiente:

<u>Chacra Raíz:</u> siéntate en la tierra, camina descalza en ella, ya sea en la arena o en el pasto.

<u>Chacra Base:</u> ámate y ama a todas las criaturas.

<u>Chacra Plexo solar:</u> quita toda ira y resentimiento y miedo de tu mente.

<u>Chacra Corazón:</u> perdónate y perdona a todos.

<u>Chacra Garganta:</u> canta, baila y ríe.

Chacra Tercer ojo: cuida lo que ves, no juzgues a los demás.

Chacra Corona: honra tus pensamientos, vigílalos y sólo permítete pensamientos de paz.

Son los siete sellos del apocalipsis que debes abrir uno a uno para adquirir los reinos sagrados de las dimensiones crísticas. En cada sello se encuentra vigilante un arcángel.

La tierra tiene siete chacras, siete puntos, porque ella también es una mujer guardiana del universo y en los siete chacras, en los siete puntos, en cada uno hay un anciano y los siete ancianos están dispuestos a instruirnos por los reinos sagrados a través de nuestra conexión con ellos.

Los 7 colores del arco iris NO están ahí por casualidad.

Me gusta comparar al ser humano con los siete colores de un arco iris, por eso debemos estar alineados y conocer de qué estamos hechos. Tú eres semejante a una guitarra. Siete de las ocho notas musicales te dan el ritmo adecuado para funcionar.

Do Re Mi Fa Sol La Si.

Si una nota no está alineada, la armonía no suena bien.

Si una de ellas no está alineada, la armonía no suena bien. Así también sucede en el cuerpo físico. Cuando el cuerpo está desalineado tiende a sufrir toda clase de enfermedades o bloqueos, lo cual son causa de enfermedades que te comparto enseguida.

Algunas enfermedades que son causadas por bloqueo en puntos energético son las siguientes:

Bloqueo en Chacra Raíz es la causa de cáncer de útero, cáncer de próstata, cáncer del recto, VIH sida y cualquier enfermedad de transmisión sexual.

Chacra base: quistes, tumores, cáncer de matriz, caderas caídas, cáncer de colon o problemas intestinales, cáncer de vejiga.

Chacra plexo solar: problemas de vesícula, daños en los riñones, páncreas.

Chacra Corazón: Problemas hepáticos: hígado, pulmones, vaso, espalda, corazón.

Chacra garganta: problemas de tiroides, esófago tráquea, faringe, problemas de hombros manos y cuello.

Tercer ojo: problemas en los oídos, los ojos y la boca.

Corona: problemas cerebrales, de migrañas, insomnio, tumores en el cerebro, Alzheimer.

Las notas musicales complementan:

Do   Corona

Re   tercer ojo

Mi   garganta

Fa   Corazón

Sol Plexo Solar

La   Base

Si   Raíz

¿Te cuento como descubrí la conexión entre las notas musicales y los siete chacras?

Esta información llegó a mí cuando estaba aprendiendo a tocar la guitarra. Se presentó un ser frente a mí el cual dijo ser un arturiano y me dijo que me dibujara. Yo le hice caso y entonces él me mostró, a través de ese dibujo, dónde estaban las notas en mi cuerpo. Así es como supe esta valiosa información y por eso la comparto aquí contigo.

La música que escuchas puede ayudarte o perjudicarte.

Al descubrir esta información comprobé en mí misma que cada nota musical al sonar tiene una vibración y esa vibración conecta con cada punto energético. Nosotros estamos hechos de esa energía de vibración, por lo que hacer uso de esta herramienta rítmica nos puede ser de mucha ayuda. Te pido que ahora prestes atención a la música que escuchas. Ten cuidado de los ritmos agresivos que hoy en día están proliferando en el mundo. No permitas que estos lleguen a perjudicarte.

Debes tener claro que las enfermedades no existen, solo son resultado de nuestra desconexión con el Padre, así como de nuestros bloqueos energéticos y espirituales. Por ello debes cuidar tus pensamientos, emociones y vibraciones. También cuidarte en las sensaciones físicas que experimentes.

No ignores este detalle porque la música puede afectarte de maneras inimaginables, te puede poner triste, te puede dar rabia, te puede incitar a ser infiel, e incluso te puede llevar a hacer cosas que creerás que quieres hacer, pero no es así. No es tu espíritu el que desea hacer eso, sino el hecho de que estás adormecido y engañado, ¡pero ya no más!

Sé que todo esto pueda quizás parecer como información difícil de digerir. Probablemente hasta te puedas sentir confundida o confundido, pero no te preocupes, porque en lo único que debes realmente preocuparte en este momento es en aprender lo que aquí te comparto línea por línea, un poco a la vez. Te aseguro que, con el pasar del tiempo y de tu constancia, irás comprendiendo cada cosa y volviéndote más sabia o sabio. Recuerda que en este camino lo más importante es empezar.

El recorrer el camino al despertar es una decisión personal

Para cerrar, volveré a recordarte que el recorrer el camino al despertar es una decisión personal y que esta le llega a cada persona de forma diferente. Quizá el estar leyendo este libro es ya de por sí esa señal que necesitas para hacer un cambio en tu vida, pero un cambio verdadero.

Si lo haces, sé que serás más feliz, dejarás atrás toda enfermedad, toda angustia, y cuando venga alguna dificultad, porque no faltan, tú sabrás cómo enfrentarla y sabrás qué hacer.

Ya NO más intermediarios entre tú y el poder sanador del espíritu. De ahora en adelante, serás tú y solo tú en conexión directa con el Padre o el universo. Yo, que ya estoy de este lado, donde mi despertar ya comenzó, te puedo decir que se siente maravilloso estar aquí. Y claro, tampoco me he olvidado de cómo era estar en donde tú estás. Por eso es por lo que estoy compartiendo esto, para ayudarte a salir de allí, para que puedas ser un alma sana y sanadora capaz de crear y dar mucha paz al mundo; y vaya que eso hace falta hoy más que nunca. El mundo te necesita y mi invitación para ti es abrazar tu diario vivir, enfocándote en el despertar de tu alma dormida. Esta es una maravillosa oportunidad para ti. Me encantará verte como un instrumento en las manos de nuestro creador.

CONCLUSIONES Y MI PROPÓSITO AL ESCRIBIR ESTE LIBRO

Es mi deseo que te sientas maravillado, maravillada con tantas cosas que te he revelado y enseñado en este libro. No sé si quizás estés un poquito abrumado, abrumada, o sientas que es mucho para comenzar. Pero uno de mis mayores objetivos en esto es dejarte las cosas lo más claras y sencillas de comprender. Por eso decidí dejar espacio hasta el final para darle mayor énfasis a los mensajes principales, los cuales son la base de todo este libro.

Lo más importante de este trascendental mensaje, lo cual le da inicio a cualquier cambio en el área espiritual de cualquier persona, desde tiempos pasados y aun actualmente, es el saber que nosotros somos co-creadores con el Padre o el universo. Independientemente de cuáles sean tus creencias, da igual lo que hayas hecho en el pasado... Da lo mismo si eres viejo o joven, pobre o rico, todos tenemos esa capacidad, solo que no hemos aprendido a creer en que era así.

Por mucho tiempo se nos ha llenado la cabeza con esta creencia de necesito esto, necesito aquello, siempre enfocados en lo material y en la escasez en todos los sentidos.

También nos han enseñado a obtener el placer inmediato y eso no es más que un adormecimiento constante de nuestra conciencia. Por un lado, nos han hecho creer que tenemos el derecho a destruir porque somos la cabeza de todos los seres vivos en la cadena alimenticia; y, por otro lado, nos han enseñado que solo con ser poderosos en el ámbito económico y material seremos respetados por nuestros iguales, pero está muy alejado de ser la verdad.

Ya el hecho de saber esta gran verdad, el detenernos un buen día de toda esa carrera loca en la que no somos felices y poder decir: ¡espera, ¿será verdad que yo puedo ser co-creador de mi destino?!

Esa pregunta en sí misma tiene el gran y

maravilloso poder de encender esa pequeña chispa, lo cual es el ingrediente principal de todo lo que te acabo de compartir. Con esa idea se genera una gran curiosidad y esa curiosidad puede animarnos, si es que así lo decidimos y lo deseamos con todo el corazón, a descubrir que efectivamente nosotros tenemos todo lo que necesitamos dentro de nosotros.

Somos parte de algo más grande del universo, somos creaciones de Dios.

Esta una de las verdades que más se han quedado grabadas en mi memoria, fue cuando leí que el maestro Jesucristo dijo que él se iría físicamente, pero que estaría dentro de cada uno de nosotros... Esa verdad simplemente se traduce a que el poder creador, sanador, de cambio real y verdadero, ya está dentro de nosotros.

Pero también debemos estar conscientes que, con un gran poder, tenemos una gran responsabilidad. Somos co-creadores y, como tales, tenemos que crear un mundo mejor para nosotros, para todas las personas y los animales.

No debemos quedarnos con ese conocimiento sólo para nosotros, hay que compartirlo con cuántas personas deseen escucharnos; debemos tomar acción en sanar a nuestros amigos, a nuestra familia cuando ya podamos hacerlo.

Nosotros podemos hacer de nosotros mismos un ejemplo de que vivir una vida más conectada con lo espiritual es el mejor estilo de vida que existe.

Lo espiritual y lo físico se complementan de una manera muy especial, por eso debe haber un balance entre nuestros pensamientos, prácticas de meditación y oración. Comer de una manera consciente para evitar el consumo de carne animal y así no dejar entrar a nuestro cuerpo toxinas, ni vibraciones bajas.

Cuidar lo que vemos y lo que escuchamos. Todo esto nos ayudará a equilibrar nuestro cuerpo físico, que es el vehículo en el que nos movemos en esta tierra. Podemos mantener una fuerte conexión entre él y lo espiritual. Eso básicamente es el despertar del alma en su máxima expresión.

Ahora viene la mejor parte de todo esto; cuando estemos despiertos y hayamos aprendido a hacerle frente a cualquier desafío de salud espiritual y emocional; cuando ya estemos en el punto de poder hacer estas cosas de manera orgánica e, incluso, se nos dé con facilidad poder sanarnos y sanar a otros y me refiero a facilidad al hecho de que si vemos a un familiar y a un amigo que lo esté pasando mal, nos sintamos impulsados a hablarle sin miedo ni preocupación del tema, para ayudarles sabiendo que, si no lo aceptan, no es porque no nos quieran o sean malas personas, simplemente no es su momento para recibir ese mensaje. Cuando podamos manejar nuestras emociones, equilibrarlas y vivir una vida más sana, podemos tener mayor claridad mental para encontrar nuestro propio propósito.

De verdad deseo que hagas esto para sanar, pero también te animo a que lo utilices para encontrar tu propósito personal de vida. Cada uno de nosotros tenemos uno. Todos en colectivo tenemos un propósito que es el que te estoy revelando en este libro. Un propósito que sólo algunos llegan a encontrar, aceptar y realizar, pero también existe el propósito personal, ese que sólo te es asignado a ti y solo con claridad mental y conexión con el alma vas a poder encontrar ese propósito.

Todas estas cosas son para nuestro bien y, si queremos vivirlas y mantenerlas constantes a lo largo de nuestra vida, tenemos que ser congruentes con ellas.

Ser humildes, reconocer y modificar nuestros hábitos alimenticios negativos de forma segura y eficiente para nuestro organismo. Dejar toda clase de sustancias nocivas de manera que nuestro carruaje esté en las mejores condiciones.

Ser pacientes y dar siempre lo mejor de nosotros, incluso cuando las cosas parezcan ir demasiado lento

Yo te lo digo desde mi experiencia, yo no soy diferente a ti, no soy un ser súper iluminado, he cometido errores, he sufrido por ello y cuando encontré este camino, mi vida cambió para mejor. Ahora cumplo con mi misión de compartir contigo esta información tan maravillosa. No importa cuál sea tu situación actual en tu vida, tus circunstancias o tus creencias, esto se trata de algo espiritual y todos los que estamos aquí tenemos un espíritu el cual ansía poder estar conectado con la tierra y con el cosmos. De verdad, de todo corazón, espero que este libro y este recorrido que hemos hecho juntos desde el capítulo uno hasta aquí te sea de gran ayuda para que aproveches y utilices el tiempo de tu vida, en despertar tu alma dormida…

AGRADECIMIENTOS

Quiero darte las gracias, querido lector, no solo por haber llegado hasta el final de este recorrido conmigo, quiero también agradecerte por darte este tiempo para ti. Por invertir tu tiempo y tu atención para buscar mejorar tu vida y ser una persona mucho más espiritual… Ese pequeño paso de buscar y leer para aprender ya es un gran paso, créeme, y quiero agradecerte por elegir este libro y por darme la oportunidad de mostrarte este camino.

Quiero que, a partir de ahora, seas consciente de tu poder creador y sanador porque eso está en ti y en cada persona que está en esta tierra. Sólo que, con tantas cosas que nos distraen, lo olvidamos y nos desconectamos, pero ¡ya no más! Tú eres poderosa, poderoso, hay un Dios en crecimiento dentro de ti.

Gracias por hacerte este regalo a ti mismo, porque debes saber que este libro, aunque yo lo escribí, no es para mí, es para ti. Este libro sólo tendrá el sentido que tú le quieras dar. Para mí, lo más importante es que te animes a comprobar por ti misma o por ti mismo que lo que te estoy diciendo es verdad. Cuando tú inicies tu camino, recuerda que siempre puedes volver a estas páginas para reforzar lo aprendido y cuando tu despertar se haya concretado, la misión de este libro, y por lo tanto mi misión, se habrá completado también.

Gracias por dejarme coincidir contigo y ser parte, aunque sea por un breve momento, de tu maravillosa existencia.

Gracias por estar aquí en este momento gracias, gracias, gracias…

Tu Amiga Ana Suástegui

Made in the USA
Middletown, DE
05 May 2024